享受运动　健康成长
——幼儿体育活动探索

李秀清◎著

河北大学出版社
·保定·

享受运动　健康成长——幼儿体育活动探索

XIANGSHOU YUNDONG　JIANKANG CHENGZHANG——YOU'ER TIYU HUODONG TANSUO

出 版 人：刘相美
责任编辑：耿兆飞
特约编辑：赵彩霞
助理编辑：李天雪
装帧设计：周李琦
责任校对：陈浩苏
责任印制：常　凯

图书在版编目（CIP）数据

享受运动　健康成长：幼儿体育活动探索 / 李秀清著. -- 保定：河北大学出版社，2024. 12. -- ISBN 978-7-5666-2567-0

Ⅰ. G613.7

中国国家版本馆 CIP 数据核字第 2025TV9431 号

出版发行：河北大学出版社
地址：河北省保定市七一东路 2666 号
邮编：071000
电话：0312-5073019　0312-5073029
邮箱：hbdxcbs@163.com
网址：www.hbdxcbs.com
印刷：涿州市般润文化传播有限公司
幅面尺寸：170 mm × 240 mm
印张：12
字数：165 千字
版次：2024 年 12 月第 1 版
印次：2024 年 12 月第 1 次印刷
书号：ISBN 978-7-5666-2567-0
定价：42.00 元

前　言

幼儿是祖国的未来，是中华民族的希望。幼儿阶段是整个生命周期的起点，幼儿阶段的体质健康关乎人的一生。体质健康又与体育活动息息相关，幼儿体育活动的开展情况决定其未来的身体素质。因此，幼儿体育是一项决定未来人口素质的基础工程，需要进行系统建设。近年来，国家高度重视国民健康教育，出台了一系列重要的政策法规。中共中央、国务院印发的《“健康中国2030”规划纲要》确立了“推进健康中国建设”的总体方略，明确提出“将健康教育纳入国民教育体系”，儿童为重点关注人群。在新的历史时期，幼儿健康教育已经成为国家政策关注的重点，也成了体育与健康领域的研究热点。本书从享受运动、健康成长的视角入手，对我国幼儿体育活动的开展模式等问题展开深入探讨。

幼儿体育活动不仅有助于婴幼儿身体活动能力的发展，还能促进婴幼儿身心多方面的领先发展，这种身心发展的领先地位将影响其终生。如何更加全面地发挥体育活动的作用，促进幼儿享受运动、健康成长，是我们思考的重点。笔者以享受运动、健康成长的基本理论为起点，围绕幼儿体育活动与健康的关系及实施架构展开了一系列的研究分析，进而针对如何促进幼儿在体育活动中享受运动、健康成长这一问题提出了参考性意见。

本书在撰写过程中，参阅、借鉴和引用了国内外专家学者的研究成果及新闻摄影工作者的实践经验，在此一并致谢！希望在未来，各位同人能够共同努力，聆听童声，重视幼儿的视角和想法；回归本质，彰显体育的教育意义；遵循规律，创设适宜的体育内容。

目　录

第一章　“享受运动、健康成长”的理论基础

第一节　“享受运动、健康成长”的理论研究背景

一、幼儿园体育教学的现状分析

当前，我国幼儿园体育教学整体上处于较为混乱的状态，主要表现为以下几种情况：

（一）追求“开心”运动

有的教师对《幼儿园教育指导纲要（试行）》（以下简称《纲要》）提出的教育目标“喜欢参加体育活动，动作协调、灵敏”在理解上有偏差，认为“只要幼儿喜欢参与运动，运动中开心愉悦就可以了”。因此，教师片面追求丰富多样的材料及活动组织形式，却极少关注幼儿的基本运动能力发展与材料所蕴含的教育价值。这样的组织可能导致幼儿的身体素质不能得到和谐发展，动作技能也不能达到一定的发展水平。

（二）强化动作训练

有些教师在开展体育活动时，存在以教师为中心的现象，强调幼儿按教师的要求运动。教师设置运动场景，幼儿在其中活动。有的教师还规定身体活动方式，幼儿按照教师预设的方式进行运动。对一些动作技能，教师进行机械练习、强化训练，却无视幼儿参与运动的自主性。

（三）“以安全为由”的教学

有些幼儿园对幼儿运动谈之色变，认为存在很多不安全因素，因此，便以安全为由，尽量不开展体育运动。即使开展也只是一些运动量小的游戏活动，没有一定的运动量、运动负荷和运动刺激，幼儿也就达不到锻炼效果。

二、幼儿健康成长的现实需求

目前，受幼儿生活方式与家长教养方式的影响，幼儿体质状况不容乐观。

（一）当前幼儿的生活状况

现在幼儿大多是独生子女，缺乏游戏伙伴。幼儿宅在家中用手机、电脑、电视等电子产品“充实”生活，出门乘电梯，外出以车代步，基本处于坐卧状态。这样的生活方式导致幼儿缺乏运动，从而影响幼儿体质，甚至还影响到他们的心理、个性以及社会性的发展。

（二）当前幼儿的体质状况

我国青少年体质的一些重要指标呈下降趋势，概括起来表现为：胸围越来越宽，肺活量却越来越小；身材越来越高，跑步却越来越慢；体重越来越重，力量却越来越小。这样的一份报告让我们不得不反思幼儿体育的教学目标与教学内容。长期以来，教育往往只重视智力的发展，只重视进行智力教育。这一现象也在幼儿园中出现，表现为给幼儿灌输知识、技能，偏向读、说、算等教学内容，幼儿久坐在室内学习；忽视幼儿大肌肉的运动，致使幼儿身体素质差，心肺功能也差，肥胖儿多；适应外界环境的能力差，季节转换时感冒、发烧的幼儿多。

三、国家对幼儿运动的现实需求

我国儿童体质不容乐观，为增强儿童身体素质，教育部颁布了《学生体质健康监测评价办法》《中小学校体育工作评估办法》《学校体育工作年度报告办法》等文件。为保质保量落实文件精神，文件注重体系建设、强化落实责任以及引入第三方评估机制。

幼儿园教育是基础教育的重要组成部分，是我国学校教育和终身教育的奠基阶段。幼儿园也肩负着增强幼儿体质、养成运动习惯、提高运动技能的重任。青少年运动技能的熟练程度与幼儿期动作技能的习得有关。在儿童发育的早期至中期，大约3—8周岁，是形成多种基本动作技能的基础，这些基本动作技能的基础将使儿童在动作反应中有更多的选择，为他们的动作表现提供更大的自由度。可见，幼儿阶段动作技能的形成直接影响其后期动作技能的发展。因此，发展幼儿基本的运动能力至关重要。

第二节 “享受运动、健康成长”的内涵特征

基于幼儿园体育教学的混乱现状、幼儿健康成长的现实需求以及国家对幼儿运动的现实需求，笔者以“享受运动、健康成长”为核心，开展幼儿园体育教学研究，强调以人为本，顺应时代发展趋势，追求终身教育。同时，帮助幼儿园教师确立正确的体育教学观，明晰幼儿园体育活动的目标，提供有效组织体育活动的策略，为教师科学开展体育活动提供思路与线索。

一、“享受运动、健康成长”的相关概念界定

“享受”，享有受用，指在物质上或精神上得到满足，并感到愉悦。本文中的“享受”，是指幼儿身心都得到满足。“身”是身体，指幼儿的体格、身体素质、基本活动能力以及身体适应能力得到和谐发展。“心”是心理，指幼儿精神愉悦，有满足感与成功感，在认知、个性和社会性方面得到发展。

“运动”有多种释义：第一种是哲学范畴，指事物发展、变化的过程，是物质的存在形式和固有属性，同物质不可分离；第二种指机械运

动，即物体位置不断变化的现象；第三种指某种社会活动，即有组织的、规模较大的群体性活动；第四种指体育运动；第五种指为私利而奔走钻营。本文中的运动，是指体育运动。体育运动，是指人们遵循人体的生长发育规律和身体的活动规律，通过身体锻炼、技术、训练、竞技比赛等方式达到增强体质、提高运动技术水平、丰富文化生活为目的的社会活动。幼儿园体育运动是指遵循幼儿身体生长发育规律，以增强体质、提高健康水平、促进幼儿身心全面和谐发展为目的所进行的一系列教育活动。

世界卫生组织提出："健康不仅是躯体没有疾病，还要具备心理健康、社会适应良好和有道德。"《3—6岁儿童学习与发展指南》提出："健康是指人在身体、心理和社会适应方面的良好状态。"传统的健康观是"无病即健康"；现代人的健康观是"整体健康"，包括躯体健康、心理健康、心灵健康、社会健康、智力健康、道德健康、环境健康等。本书中的健康，是指幼儿身体健康、心理健康，有良好的个性与社会适应能力。

"成长"，长大、长成。本文中的成长，是指幼儿向成熟的阶段发展。

幼儿园开展体育活动要以幼儿为本，不仅着眼于幼儿当前的发展，还指向幼儿终身需求，其中蕴含幼儿体质、运动情感和运动习惯三方面的教育价值。幼儿体质的教育价值是指运动促进幼儿身体形态（身高、体重、身体姿势）、生理机能（血液循环、呼吸系统、神经系统）、身体素质（平衡能力、协调能力、灵敏性、力量、耐力等方面）、基本运动能力（身体姿势控制能力、操控器械能力、位移能力）、人体适应能力（适应自然环境能力、适应社会能力）等方面和谐发展。运动情感的教育价值是指幼儿能主动参加体育运动，感受运动就是开心愉悦地玩，玩出童真、童趣，让幼儿逐渐形成热爱运动的情感。幼儿在运动的过程中，心理、个性、社会性得到同步发展。运动习惯的教育价值是指幼儿能坚持参加体育锻炼，并乐在其中，享受运动的快乐，为终身运动做铺垫。

“享受运动、健康成长”倡导身体与心理结合，外在运动与内在运动统一，身体健康与心理健康和谐发展，最终指向幼儿人格发展，为幼儿日后形成健全的人格奠定基础。

二、“享受运动、健康成长”体现的价值

“享受运动、健康成长”，是教师对幼儿园体育教学的理想追求，是理想与价值观的统一。它的价值体现，既有幼儿方面的，也有教师方面的。

（一）幼儿方面

幼儿享受运动，不仅身体在参与，心理也在参与，运动成为他们学习与发展的重要元素。他们主动参加运动，自主选择运动材料、运动内容、运动伙伴，用多种身体活动方式参加运动。幼儿在教师有目的、有计划地支持与指导下，身体形态、生理机能、身体素质和机体的适应能力得到和谐发展，促进了认知、个性、社会性等方面的发展。

（二）教师方面

教师享受教学，他们在教学过程中发现了运动赋予幼儿的价值、幼儿运动的潜力。教师主动参与幼儿运动，并乐于组织教学，科学施教。

第一，精心选择教学内容。在观察分析幼儿的基础上，选择处于幼儿最近发展区的运动内容，投放适宜幼儿最近发展区的运动材料，让运动内容和运动器械适宜幼儿的学习与发展，让幼儿在饶有兴趣地参与运动的同时有效提高身体素质。

第二，用心设计教学策略。教师针对幼儿运动的特点，学习与发展需求，为幼儿提供多元的运动材料，开展多途径、多渠道的教学，支持幼儿以多种方式参与运动，实施多元教育评价，关注个体差异，支持幼儿富有个性发展。

第二章　幼儿体育与健康的关系

第一节　幼儿生长与发育规律

一、生长发育的概念

“生长”是指人整个身体和器官可以用度量衡测量出来的变化，即身体在量上的变化，如身高和体重的增加、大脑重量的增加等。“发育”是指细胞、组织、器官和系统的功能上的成熟，即身体上质的变化，如大脑记忆、思维、分析功能的不断完善。生长发育到了比较完备的阶段，即个体在形态、生理、心理方面都已达到成人的水平，称为成熟。

幼儿正处于迅速生长发育的重要时期，他们虽然已经具有人体的基本结构，但是各组织、各器官及各系统尚未发育完全，与成人之间差异较大。认识和掌握幼儿身体生长发育的特点和规律，有利于开展并做好保健工作。

二、幼儿生长发育的规律

幼儿生长和发育是两个不同的概念。“生长”是指身体各器官、系统的长大和形态变化，是量的改变；“发育”是指细胞、组织和器官的分化完善与功能上的成熟，是质的改变。两者密切相关，生长是发育的物质基础，而发育成熟状况又反映在生长的量的变化上。人的体型、体力和健康奠定的关键时期正是幼儿阶段。在诸多影响体质健康、增进形体发育、提高身体素质和健全身心的后天因素中，体育锻炼起着不容忽视的作用。幼儿的体重围度指标、身体机能和素质指标受后天体育锻炼的影响程度最大，其可塑性在50%—70%之间。通过对双生子的调查表明：积极参加体育活动的相比较不参加体育活动的，他们的生长发育水平和体质状况有明显的差异，爱好运动的比不参加体育活动的身高、体重、肺活量都有明显的提高。

（一）生长发育的连续性和阶段性

幼儿的生长发育是一个连续过程，由不同的发育阶段组成。从卵细胞受精到人的发育成熟，长达20年左右的连续过程中，量变和质变经常同时进行，并且各有一定的缓急阶段，当由不显著的、细小的量变到显著的质变时，即形成生长发育的不同阶段，如婴儿期、幼儿期、童年期、青春期和青年期。每一阶段都有其独特的区别于其他阶段的特点，前后阶段又相互衔接，前一阶段为后一阶段的发展打下基础，任何一个阶段的发育受到障碍都会对后一阶段的发育产生不良的影响。幼儿身体各个系统和器官的生长发育从不平衡向平衡发展，主要表现在：出生之初幼儿的头部改变较多，占身体全长的1/4，成熟后只占全身的1/6；面部前额加宽加高，鼻子长大，嘴变宽，口唇变厚，下颌变大；骨骼的增长比肌肉增长快，四肢的增长又比躯干快。即从出生到成年，人体的头增加一倍，躯干增加两倍，上肢增加三倍，下肢增加四倍。因此，幼儿在体形上显得高而不丰满，出现腿长、胳膊长、颈长的“三长”现象，手长脚大的现象显得很不协调。幼儿发育先长腿，后长躯干，等到发育完全，下肢与躯干之间的差距会缩小，到成人时期才能逐渐达到比例上的协调。

（二）生长发育的不均衡性

从胎儿到成人，人一生中有两次生长高峰期，整个生长期内个体的生长速度有时快、有时慢，生长发育速度曲线呈波浪式，具有不均衡性。先后出现两次生长突增高峰：第一次从胎儿4个月至出生后1年，即乳儿期，出生时体重一般为3千克，周岁时为9千克；出生时身长约为50厘米，周岁时约为75厘米。第二次发生在青春发育早期，如少年期前，个体平均身高年增长约3—5厘米，进入少年期，平均每年增加6—8厘米，体重每年增加5—6千克。一般女孩比男孩早两年左右，女孩生长发育的突增期为10—12岁，以11、12岁为增长最高值年龄（身高年均增长5.9厘米）；男孩生长发育的突增期为12—14岁，其中12、13岁为增长最高值年龄（身高年均增长6.6厘米）。各个器官系统的发育也不均衡，如神经系统最先发育成熟，神经细胞于8岁左右即告分化成熟，而生殖系统发育最晚，一直要到儿童期末尾。肌肉的发育有两个高峰：一个是在5岁以后，一个是在性成熟期以后。心脏在出生后由于负担减轻，在最初数月其大小维持原状，两三岁时，其重量猛增到出生时的3倍。此后生长速度减慢，到青春期又激增到10倍。

（三）生长发育的顺序性

幼儿各器官功能的生长发育遵循由上到下、由近到远、由粗到细、由低级到高级、由简单到复杂的特定顺序。例如，婴儿出生后先抬头，后挺胸，再会坐、立、行（由上到下）；先会控制肩和臂，再会控制手的活动（由近到远）；先会全掌抓握物品，再发展到手指捏取（由粗到细）；先会画直线，进而能画圆、图形（由简单到复杂）；先会看、听和感觉事物，再发展到记忆、思维、分析和判断（由低级到高级）。

（四）生长发育的相互关联性

神经系统和外界环境的相互作用影响着整个幼儿的生长发育过程，各个系统的生长发育彼此密切关联，某一器官的发育可以促进另一器官的发育。例如，幼儿进行适宜的体育锻炼能促进儿童骨骼肌肉的发育，同时也能促进其心脏和呼吸器官机能的成熟，并有利于神经系统的发育。心血管系统、呼吸系统和神经系统的发育又为肌肉、骨骼的发育提供更有利的条件，从而促进儿童整个身体的健康成长。另外，幼儿身体和心理的发育是密切联系的。一切生理的发育是心理发育的基础，而心理发育同样影响生理机能。比如，情绪会影响生理机能的正常发挥，而生理上的缺陷又会引起心理上的不正常发展。

（五）生长发育的个体差异性

在正常的个体之间，生长发育存在着很大的差异，通常反映在生长速度、性别和成熟类型等方面。在个体之间，生长速度的差异明显地反映在生长发育的各项指标上。以每年体重的增加幅度为例，在早期个体间差异可能并不大，但随着年龄的增加可出现离散现象。我国出生男婴平均体重3.27千克，半年后达到8千克，周岁时可以达到10千克，随后体重增加趋缓，到了学龄期体重约为周岁时的两倍。幼儿的生长发育虽按上述一般规律发展，但在一定范围内因受遗传、环境、运动锻炼、饮食等因素的影响而存在较大的个体差异。据我国有关儿童体格发育的调查资料，儿童的身高、体重、胸围、头围、坐高、臂围等各项发育指标的平均测量值，无论是城市还是农村，都是男童大于女童。这种差异在儿童早期很小，随年龄的增长而渐趋明显。同年龄儿童的发育和成熟程度不尽相同，有的儿童较早发育和成熟，有的儿童则较晚发育和成熟。

三、影响幼儿生长发育的因素

幼儿生长发育的过程受到多种因素的影响，主要包括内在（先天）因素和外在（后天）因素两方面。了解幼儿生长发育规律及内外因素对其影响的作用，可使我们根据不同年龄的发育特点，创造有利条件，减少不利因素，以促进幼儿正常生长发育。

（一）内在因素

1.遗传

幼儿生长发育的特征、潜力、趋向、限度等都受父母双方遗传因素的影响。种族、家族的遗传信息对幼儿的生长发育影响包括皮肤和头发的颜色、面相特征、身材高矮、性成熟的迟早，以及对某些疾病的易感性。

2.性别

性别不同的幼儿生长发育各有特点，一般女性平均身高（长）、体重较同年龄男性小，骨化中心出现较早，骨骼较轻，骨盆较宽，肩距较窄，皮下脂肪较发达，而肌肉却不如男性发达。因此，在评价幼儿生长发育时，男女标准应分开。

3.激素

幼儿的生长发育主要是由各种激素调控，其中生长激素、甲状腺素和性激素尤为重要。缺乏生长激素可导致幼儿身材矮小；甲状腺素缺乏时不仅造成幼儿矮小，还会影响大脑发育；性激素可促使幼儿骨骺提前骨化，影响长骨生长，可使最终身高相对矮小。

（二）外在因素

1.宫内发育

胎儿在宫内的发育受孕母生活环境、营养、情绪、疾病等各种因素的影响，宫内发育阻滞可影响幼儿出生后的生长发育。例如，妊娠早期患病毒性感染可导致胎儿先天性畸形；母患严重营养不良可引起流产、早产和胎儿停止生长以及脑的发育迟缓；孕母受到药物、X线照射、环境毒物污染和精神创伤等均可使胎儿发育受阻。幼儿的体格发育受影响，还会使其身体免疫、内分泌、神经调节等功能紊乱，甚至影响智力、心理健康和社会能力的发展。

2.营养和运动

合理的营养是幼儿生长发育的物质基础，是保证幼儿健康生长极为重要的因素，年龄越小受营养的影响越大。长期营养不良不仅影响体格发育，使身体免疫、内分泌、神经调节等功能紊乱，甚至影响智力、心理和社会能力的发展。运动可以促进幼儿身体生长和营养素吸收，良好的居住环境和卫生条件（如阳光充足、空气新鲜、水源清洁等）能促进幼儿生长发育，提高运动锻炼效果。

3.疾病

疾病对幼儿生长发育的影响作用十分明显，急性感染常使幼儿的体重减轻，长期慢性疾病对幼儿的体重、身高、心理行为等方面均可产生不良影响。尤其是内分泌疾病常引起骨骼生长和神经系统发育迟缓；先天性疾病如先天性心脏病、21–三体综合征、软骨发育不全等，对幼儿的体格、精神和神经系统发育的影响更为明显。

4.气候和季节

气温高低等自然环境条件，对儿童的身体发育有一定的影响。一般来说，生活在气温较高的热带和温带地区的儿童，性成熟期较早出现，身体发育水平略低；而生活在气温较低的寒冷地区的儿童，则性成熟期较晚，身体发育水平也略高一点。例如，我国北方和南方地区的儿童，在身体发育方面存在着地区差别。

全国幼儿体质调研数据绘制的身高和体重分布状况图，清晰地揭示了生活在北方地区城市的小孩身高较高，体重较大，而南方则相对较矮，体重较轻。在同一地区，春、夏、秋、冬四个季节对发育也是有影响的。一般来说，春季身高增长最快，秋季体重增长最快。有研究发现，在身高增长较快的月份，新的骨化中心的出现要多于身高增长较慢的月份，因而认为寒冷刺激与甲状腺功能增强有关。

5.社会因素

社会因素对幼儿生长发育的影响是综合性的。其中，主要的决定因素是经济发展的情况，以及与之相关的营养、居住、医疗和体育等条件。在同样经济条件下，家庭中子女的多少对生长发育的影响很大。多子女的家庭，幼儿的生长发育都会受到明显的影响。

环境污染也是影响幼儿生长发育的重要社会因素，主要是噪声、中毒、感染和创伤等，尤以噪声危害严重。噪声使柯蒂氏器内听毛细胞受破坏，长期可致永久性损害。家庭吸烟环境也严重影响幼儿健康与发育。研究表明，家中吸烟成人越多、吸烟数量越大，幼儿健康越差。吸烟与急性呼吸道感染，尤其是喘息性支气管炎密切相关，风湿热患病率也与父母吸烟有关，吸烟者子女的风湿热发病率显著高于非吸烟者子女。食物污染及有害物质也会影响幼儿的生长发育。

四、幼儿体格发育评价

（一）幼儿发育的规律

人体的生长发育同其他事物一样，有着自身的客观规律。这个规律是人体在一定的生活条件下必然的趋势和内在的本质联系。认识和掌握了幼儿生长发育的规律，就可以积极创造各种有利条件，以促进幼儿身心健康成长。

1.生长发育是由量变到质变的过程

幼儿的生长发育是由不显露的细小量变发展到质变的复杂动态过程。不仅是幼儿身高的增长、体重的增加，而且是每个器官在结构上逐渐分化，在机能方面逐渐成熟。人体的量变和质变经常是同时进行的，但各有一定的缓急阶段。如消化系统的发育，从婴儿到成人有着复杂的变化过程。在新生儿期只能接受少量流质食物，随着年龄的增加，消化机能的成熟才能逐渐消化多种固体食物。又如随着大脑重量的增加、脑细胞之间的联系加强，人的记忆、思维、分析能力也在不断发展，使幼儿的智力、活动能力逐步发展。

2.生长发育既有连续性又有阶段性

一个人从出生到成人，生长发育过程是有一定的程序的，既有连续性又有阶段性。每个阶段都具有一定的特点，且前后阶段彼此交替、衔接，前一阶段的发展状况将对下一阶段产生直接的影响。若某一阶段的发育发生障碍，将会影响后一阶段的发育。例如，幼儿学走路以前，一定要先学会站，学站以前一定要先学会坐，学坐以前要先学会抬头，即“抬头—坐—站—走路”的顺序。动作的发展遵循“头尾发展规律”，即先是头部运动——抬头、转头，然后是上肢活动——取物，再是躯干活动——翻转、直坐，最后是下肢活动——两腿站立、行走。动作的发展就是按照这样的程序连续发展的。同时，从一个动作到另一个动作的飞跃，存在一定的阶段性，如7个月会坐，8个月会爬，11—12个月会站，1岁左右会走。

为此，教育者必须按照幼儿各阶段发育的顺序和生理特点，为幼儿各阶段发育的需要创设必要的环境条件，给予适当的条件刺激和锻炼，引导他们有规律地从一个阶段向更高阶段发育。

3.生长发育的速度是不均衡的，呈波浪式上升

幼儿的生长发育不是直线上升的，而是时快时慢，呈波浪式状态。以身高和体重为例，胎儿期是身高体重增长的第一个高峰期，出生后头两年的身长增长速度比后几年快，第一年增长20—25厘米，增长值为出生时身长（50厘米）的1.5倍；体重增加6—7千克，为出生时体重（3千克）的3倍。无论身高还是体重，在第一年都是增长最快的。第二年内，身长增长10厘米，体重增加2.5—3.5千克，速度也是较快的。2岁以后，增长速度急剧下降，身高每年平均增加5厘米左右；体重每年增加2千克左右，保持相对平稳、较慢的速度，直到青春发育期出现第二次突增。

人体的生长发育普遍遵循“头尾律”和“向心律”的规律发展。头尾律指胎儿时期的生长发育遵循此规律。向心律指幼儿自出生以后，其生长发育便遵循着向心规律发展。

人体各部分发育的顺序是足—小腿—下肢—手—上肢，即自下而上，由四肢的远端向躯干生长发育，所以称为生长发育程序的“向心律”。向心律正好适应了人体功能的需要，而各部分的发育也不是直线式的。在第一次突增时，胎儿从头颅特大、身躯较长、两腿短小，逐步发育到幼儿期各身体部分比例匀称的状态。相反，在第二次突增时，不是头，而是下肢迅速发育，再向上到躯干，最后达到成人时变为较小的头颅、

较短的躯干及长腿的形态。从出生到成人，头部增加1倍，躯干增加2倍，上肢增加3倍，下肢增加4倍。

4.身体各系统的发育是不均衡的，但又是统一协调的

人的整体发育包括身体外形以及内脏各系统（如呼吸系统、消化系统、泌尿系统）的发育，它与身高、体重的发育趋势一致，故可以用身高、体重的发育趋势作代表，这一趋势呈波浪形，出现两个突增阶段。

第一次是在幼儿期，第二次是在青春发育初期，而且女性比男性大约早两年出现。以身高、体重为例，幼儿出生后第一年增长最快，身高约是出生时（50厘米）的1.5倍，体重约是出生时（3千克）的3倍。2岁以后生长发育逐渐缓慢下来，并保持相对稳定，平均每年身高增加5厘米左右，体重增加2千克左右，直到青春期出现第二次生长发育高峰期。这时，身高平均每年增长7厘米左右，体重平均每年增加5千克左右，以后增长速度又逐渐变缓。各系统的发育也是不均衡的，尤其是大脑，在胎儿期和出生后的发育一直是领先的。出生时幼儿脑重约350克，相当于成人脑重的25%；6岁时，幼儿脑重已相当于成人脑重的90%。幼儿在这五六年中，由于大脑发育迅速，各种生理机能、语言和动作也得到了迅速发展。

幼儿的淋巴系统在其出生后发育特别迅速，这是因为幼儿时期机体对疾病的抵抗力弱，需要淋巴系统来保护。10岁以后，随着其他各系统的逐渐成熟和对疾病抵抗力的增强，淋巴系统逐渐退化。生殖系统在童年时期几乎没有什么发育。

身体各系统的发育时间和速度虽然各有不同，但机体是统一的整体，各系统的发育是相互影响、相互制约的。例如，体育锻炼不仅能促进肌肉、骨骼的发育，而且能提升运动系统的协调性。

5.生理和心理的发育密切联系

生理和心理的发育在幼儿身上是统一的，生理的发育是心理发育的基础，心理的发育也同样影响生理机能，两者相辅相成。例如，幼儿不

吃早餐到幼儿园，由于饥饿，精神不能集中，容易发脾气，这就是生理的不适对心理的影响。生理上有缺陷的幼儿，如患斜视、耳聋等疾病，或长得矮小体弱等的幼儿，容易滋生自卑心理，进而排斥集体活动。相反，心理发育不正常的幼儿同样也影响生理的发育，如父母离异家庭的幼儿，由于缺乏父母的爱，往往出现孤僻、自卑的心理，这类幼儿有的体弱多病，有的消化系统、呼吸系统等方面出现障碍，这类被称为身心疾患的病，多为不良的心理所引起的。幼儿教育工作者要十分重视幼儿生理与心理的协调发展。

6.每个幼儿的生长发育都有自己的特点

由于先天遗传以及后天环境条件的差异，个体发育不可能一致，必然呈现高矮、胖瘦、强弱以及智力的不同。先天决定一个幼儿发育的可能性，后天决定发育的现实性。因此，在研究评价一个幼儿的发育时，不能机械地以其身高或体重同标准均值做比较来做出片面的评定，而应将其以往的发育情况与现在的发育情况进行比较，观察其发育动态，这样才更有实际意义。

每个幼儿都有自己发育的速度和特点，这不仅在发育各阶段表现出来，而且在达到成熟期时也各具特征。但是，总的情况是呈现生物学上的常态分布。教育者的任务是要尽可能充分发挥幼儿遗传的潜力，使幼儿在受教育的过程中得到全面发展。

（二）常见的评价指标

评价幼儿的生长发育，有形态指标与生理功能指标两类。形态指标是指身体及其各部分在形态上可测出的各种量度（如长、宽、围度以及重量等）。最重要和最常用的形态指标是身高和体重。此外，代表长度的还有坐高、手长、足长、上肢长、下肢长；代表横径的有肩宽、骨盆宽、胸廓横径、胸廓前后径；代表周径的有头围、胸围、上臂围、大腿围、小腿围；代表营养状况的指标有皮褶厚度等。

生理功能指标是指身体各系统、各器官在生理功能上可测出的各种量度。常用的指标包括：握力和背肌力，它们属于骨骼肌肉系统的基本指标；肺活量，属于呼吸系统的基本指标；脉搏和血压，都属于心血管系统的基本指标。

1.常用的评价方法

评价幼儿的身高、体重，需要有科学的“尺度”，即“标准”。

（1）体重与年龄的关系见表2-1，体重增长速度见表2-2。

体重计算公式（出生体重按3千克计算）

6个月以内体重≈出生体重+月龄×0.6（千克）

7个月—1岁体重≈出生体重+月龄×0.5（千克）

2—7岁体重≈年龄×2+8（千克）

表2-1 体重与年龄倍数表

年龄	0.5岁	1岁	2岁	3岁
为出生时(3千克)体重的倍数	2倍左右	约3倍	约4倍	约4.6倍

表2-2 不同年龄段体重增长速度表

年龄	0—3月	3—6月	6—9月	9—12月
每周体重增加数(克)	180—200	150—180	90—120	60—90

（2）身高（3岁以下为身长）与年龄的关系见表2-3，身高增长速度见表2-4。

身高计算公式（幼儿2岁以后，平均每年身高增长5厘米）

2—7岁身高≈年龄×5+75（厘米）

表2-3 身高与年龄倍数表

年龄	1岁	4岁
为出生身长(50厘米)的倍数	1.5倍	2倍

表2-4 不同年龄段身高增加速度表

年龄	1—6个月	6—12个月	1岁	2岁
平均每月增长数或已达到数(厘米)	增长2.5	增长1.5	达到75	达到85

（3）头围与年龄的关系见表2-5。

表2-5 不同年龄段头围增长表

年龄	新生儿	1岁	2岁	3—4岁	以后每年
变化情况	平均头围34厘米	45厘米	47厘米	两年共长1.5厘米	增长更少

（4）胸围与年龄的关系见表2-6。

表2-6 不同年龄段胸围增长表

年龄	0—1岁	1—2岁	以后每年
增长值(厘米)	12	3	1

2.测量方法

（1）身长（身高）

身长是生长长度的重要指标，也是正确估计身体发育特征和评价生长速度时不可缺少的依据。

身长或身高的测量：3岁以下幼儿量卧位身长。脱去帽、鞋、袜，穿单衣仰卧于量床底板中线上。将幼儿头扶正，头顶接触头板，幼儿面向上。测量者位于幼儿右侧，左手握住幼儿双膝，其腿伸直，右手移动足板使其接触两侧足跟。如果刻度在量床双侧，则应注意量床两侧的读数应该一致，然后读刻度，记录精确到0.1厘米。

3岁以上幼儿量身高时，要取立正姿势，两眼直视正前方，胸部稍挺起，腹部微后收，两臂自然下垂，手指并拢，脚跟靠拢，脚尖分开约60°，脚跟、臀部和两肩中间几个点同时靠着立柱，头部保持正直位置，然后测量身高。底板与颅顶点接触，同时观察被测者姿势是否正确，然后读立柱上数字，记录精确到0.1厘米。

（2）体重

体重是指人体总重量，在一定程度上代表幼儿的骨骼、肌肉、皮下脂肪和内脏重量及其增长的综合情况。从身高、体重可以推测幼儿的营养状况。

新生儿称体重要求用婴儿磅秤或特别的杠杆秤，最大载重为10千克。1个月至7岁用的磅秤（杠杆秤）最大载重为50千克，准确度不超过50克。

测量前均应检查磅秤的零点。幼儿应脱去外衣、袜子和帽子。3—12岁的孩子应排空小便，这样称得的数值较为准确可靠。如果不能只剩衬衣、衬裤，则应扣除衣服重量。称体重时，婴儿可取卧位，1—3岁可取坐位，3岁以上可取站位，两手自然下垂。

称重前应先熟悉磅秤的读数、砝码、游锤或秤锤，将它放置于与幼儿年龄相当的体重附近。称重时迅速调整游锤至杠杆正中水平，读数记录以千克为单位，精确至小数点后两位。

第二节　运动与健康的关系

一、运动与健康之间关系的多角度分析

出自《吕氏春秋·尽数》的成语“流水不腐，户枢不蠹”，意指流动的水不发臭，常转的门轴不遭虫蛀。人也是如此，人不活动时，体内新陈代谢减弱，呼吸变浅，血流减慢，不能很好地与外界进行气体和物质的交换，就如同一潭死水，天长日久必然会引起各系统器官机能衰退，

功能退化，导致疾病发生，甚至危及生命。“生命在于运动”，运动通过活动身体保持机体旺盛的生命力，并且促进机体各系统器官功能的良好发展。概括来说，运动获得的健康益处包括：促进新陈代谢，提高机体免疫力；增强心肺功能，改善大脑机能，预防心脑血管疾病；有利于能量平衡，控制体重，预防代谢性慢性病；增加肌肉力量，改善骨质，提高关节的灵活度；减轻精神压力，保持心情愉快，延缓衰老。

（一）运动与身体健康

通常认为，体力是人类身体活动的基础能力，同时也是健康的另一个概念，维持健康需要一定的体力。在组成身体力量的要素中，肌肉力量和肌肉耐力与健康息息相关。它既反映了人类生活的活动水平，又反映了人体的运动水平。生命活动是身体运动的基础，它反映了人类的自然属性。身体运动也是生命运动全面发展的必然条件，在很大程度上反映了人类的社会属性，两者是统一的。

衡量标准体能的国际指标包括医学检查、生理功能、人体形态、身体成分和运动能力。体力的测量和体力指标以及水平能力的显示基本上是通过体育活动来揭示的。因此，身体健康和体力与运动密切相关。

（二）运动与心理健康

越来越多的研究结果表明，体育运动是维持或改善心理健康，消除精神疾病的重要手段。心理健康是人们健康的重要组成部分，在任何情况下进行的体育活动都将不可避免地导致重大的心理活动。

运动是培养健康思想的有效方法。进行体育锻炼不是一般的运动，也不是运动的游戏，应该根据个人喜好选择它。除了服用药物和注射剂外，有些人还考虑通过锻炼来改善身体状况并在身体虚弱时恢复健康。在激烈的社会竞争和生活压力中，一些人容易产生悲观和沮丧的情绪，这会导致抑郁、孤独等心理疾病。运动可以改善他们的心理功能、身体素质，还可以让他们学习运动技能。运动是体育活动、心理活动和社会活动，因此体育锻炼不仅有益于身体健康，而且在促进人们的心理健康和社会适应性方面发挥积极作用，从而提高人们的满意度和生活质量。

（三）运动对于健康的显隐和正负功能

运动对于健康的意义是复杂的，为了更好地说明这种复杂性，我们借助默顿的“显隐功能”和“正负功能”的术语来加以阐明。

运动对于健康的功能论意义实际上既有“显性”的，又有“潜在”的。显性功能的一个重要体现是其“治疗”意义上的功能，这种功能需要配合医生和专业教练的指导，可以在较短时间内发挥作用。但是运动对于健康的功能更大程度上是“隐功能”，之所以称之为“隐功能”，是因为这些功能的发挥往往不是预期的，而是自然而然的，出于某种习惯、某种生活方式等，这种潜移默化的功能发挥方式是长期的，也是更加全面的。

我们还需要讨论运动与健康的“正负功能”。运动对于健康的“正功能”很好理解，但是我们不可忽视“负功能”的存在，特别是现代社会，随着对效率的追求，人们对于运动日益急功近利，更容易诱导其“负功能”的产生。运动的负功能包括如下几个方面：第一，运动过量，造成不良后果，甚至造成运动损伤和疾病；第二，运动方法错误，采取对自己有害的运动方式；第三，过度依赖运动作用，而对运动以外的外力帮助加以排斥。这些都是对于个体和社会发展不利的。

（四）运动是改善现代生活健康的一种特殊方式

现代化是人类社会的普遍趋势。这种社会变革要求现代人进行设计、操纵和变革。因此，人类现代化是社会现代化的载体。但是，人类的现代化并非从天而降，这需要生物学、社会意识与社会发展的未来趋势之间进行三维转换。在推动人类转型的众多因素中，教育是最重要的。体育是全纳教育不可或缺的一部分，因此它必将履行其在促进人们现代化方面的重要任务。一方面，健康强壮的身体是适应现代化的物质基础；

另一方面，现代人必须追求现代的社会生活和文明，健康，科学的生活方式。社会生活的科学化为体育运动的发展创造了优越的物质和精神条件，并认识到体育运动的积极意义。

二、运动对人体健康的促进作用

（一）运动锻炼对健康的作用

运动时肠胃蠕动频率增加了，消化液分泌增加了，身体运动中消耗的能量需要更多的营养来补充，因此，经常运动的人消化系统都非常好，能够吸收和储存更多营养，对预防肠胃疾病的预防起到很好的作用。另外，经常参加体育锻炼，对生理系统的结构和功能也起到了改善作用，还能很好地改善生殖系统，对疾病有预防作用。人体细胞的不断繁殖促使人的成长，细胞间质不断增加，人的发育是人体细胞不断分化、器官不断发育、功能逐渐成熟、形态逐渐完善的结果。人体是由许多细胞组成的统一完整的有机体，在缓慢的进化过程中，细胞产生高度分化，具有不同的结构和不同的功能，最终形成多种功能的器官系统。任何科学的运动都能促进身体的全面发展，保持内外环境的平衡，推迟各器官系统衰弱，起到防病、强身、抗衰老、延年益寿的作用。

在促进健康发展中，体育健身运动能使人民群众身体健康，所以，人们非常重视体育锻炼。如今的社会，体育锻炼不仅能使人们身体健康，还能改变人们的生活方式。因为现在都是电脑办公，脑力劳动繁重，精神压力增大。体育活动可以使人们身心愉悦，缓解压力，通过一定的体育运动，可以增强人民群众的身体素质，在人际交往方面建立和谐的关系。所以，体育锻炼不仅改变了人们的生活习惯，对疾病的预防和康复也起到一定的作用。

体育运动受到越来越多人的关注，体育是人们生活中必不可少的一部分。人们在工作和生活中精神压力大，脑力劳动繁重，导致身体处于亚健康状态。通过体育锻炼，人们可以提高身体素质，驱散心理的焦虑和不安，并且在人际关系方面相处融洽。人们要想拥有健康的身体，一定要从生活环境、自身行为、心理方面入手。

（二）健身运动促进身体健康

健身运动促使人体生理机能发展，防止一些慢性疾病的发生。运动锻炼在提高生活质量的同时还能保障心理健康。体育锻炼对人智力的发展和提高是很有帮助的，经常参加体育锻炼可以促进大脑的发育，对神经系统的兴奋和抑制起到一定作用，如对外界刺激反应更加迅速准确，提高人的视觉、听觉、感觉、神经传导速度和神经平衡，神经系统功能的灵活性增强。体育锻炼对人的情绪的调节和改善有显著的作用，不仅能转移负面意识、情绪和行为，还能消除烦躁和不良情绪。体育锻炼还有利于形成顽强的意志。在体育锻炼中，人们克服客观、主观困难，坚持长期锻炼，培养良好的意志品质。

体育锻炼能改善人们的心理功能和身体素质，使人身心舒畅，减轻疲劳，对工作和生活充满热情，增强自信心。健康指的是身体能够正常进行功能活动。在健康方面，身体的生理健康是基础，要想健康，就要身体机能正常，各器官系统功能协调，新陈代谢良好。优良的身体素质体现了更高水平的身体健康，满足生活需求要有很好的体能支撑，有充沛的精力完成各项活动。体育锻炼是提高身体素质的关键路径，也是保障健康的有效方法。

生命在于运动，运动有利于健康，随着现代社会经济的快速发展，人们的生活水平逐渐提升，思想观念得以转变，生活质量日益受到重视，自我保健意识有所加强，现代人更看重自我锻炼，人们正在用行动创造幸福生活和美好未来。健康的理念、本质、内容和形式都体现了时代的进步和人们对生命本质的认识。体育锻炼可以促进人体新陈代谢，增强各器官、系统功能，达到强身健体的目的。

从体育锻炼方面来看，跑步对身体健康更有好处，慢跑是一种有效的运动方式。跑步是一项基本的运动技能，也是人体在运动中的动作姿态，跑步必须有很多肌群发力，主要锻炼身体肌肉。跑步对心血管系统和呼吸系统也有很大的作用。如果天天坚持跑步锻炼，不仅使速度耐力增强，还能增强心肺功能。中老年人如果坚持慢跑，能保障心脏的血液、营养和氧气充分供给，对提升心脏功能有很好的作用，同时可以预防冠心病、高血压、动脉硬化等疾病。有氧运动中大家首选慢跑，慢跑对减脂也有一定的效果，在慢跑的时候，腰部、背部和四肢都在不停地运动，这样不仅对健身起到很好的作用，还能燃烧一些脂肪，减少体内脂肪储存，对瘦身减肥有良好效果。

（三）科学合理的体育运动对人体健康的重大意义

人的生命和健康有赖于身体各器官均衡发展。休闲运动是人类恢复自身健康的重要途径。研究发现，休闲运动的生理益处有很多，可以预防骨质疏松症，肥胖人通过运动锻炼达到减肥的效果。有规律的休闲活动，如散步、慢跑、打球、爬山、游泳等，有利于增强肌肉氧化能力，消耗多余脂肪，增强体质，提高肌肉的耐力。经常参加体育锻炼的人在多项体能指标上都优于不参加体育锻炼的人，经常运动可以促进心血管的活力，改善脑循环和供氧，为脑神经细胞提供更多营养和氧气，使肌肉力量、肺活量以及各器官功能都有所增加，人们的身体达到健康的状态，身体健康水平提高，人体的基本活动能力增强，免疫力增强，疾病的发生减少。

健康代表人的身体、心理处于很好的状态，通过科学饮食、合理的休闲运动来保持健康。在体育锻炼中采取科学的方法，才能收获有效的健康。例如，过度运动、暴饮暴食等都会对人体健康造成一定危害。所以健康更强调动态适度，体育是一种以体育锻炼为主的基本方式，使人的身心发展，身体强健。这就是参与体育运动所达到的效果。

体育锻炼促使身体健康，体型是人体的整体外观，通过速度、力量、耐力、爆发力等运动的刺激，肌肉得到反复锻炼，提升肌肉利用氧气和储存能量的功能，在吸收、储存和利用氧气的过程中，运动肌纤维变粗、有弹性，肌肉更加强壮。这就表明，运动可以有效地促进肌肉和骨骼的生长发育，从而使人塑造完美的形体。通过科学合理的体育锻炼，人体神经系统可以与相应的肌肉建立神经联系，提升神经系统对四肢肌肉的控制能力，增强呼吸功能。对输送氧气、二氧化碳和血液的循环系统的交换能力很有利，身体的运动使各系统中的肌肉组织运转平稳、功能稳定，推动各系统达到最佳水平。

科学合理的锻炼可以促进人们身心健康，运动健身本身就是体育文化活动，要做到及时有效地锻炼和健身，使身心健康发展，还要学习相应的运动技术、技能和运动常识。只有运动观念和运动意识增强，才能达到健身的目的。所以，全面而扎实的体育文化素养，是实现体育锻炼促进健康目标的必要条件。体育健身的目的是促进身体健康，但健康需要合理的锻炼，在掌握一定的基本运动技能的基础上，要科学地控制运动的量和时间，如果身体出现不适，要及时调整运动方式。真实、合理地参与体育运动，可以从根本上促进人们身心健康。

（四）运动促使身体全面发展

人是一个整体，整个身体受神经系统支配，协作身体每个器官的活动，如大脑的思维、生理功能和肢体动作。神经系统的指挥协调能力还可以通过体育锻炼来加强，更好地适应各种环境，对某些器官的功能不足有所改善，使各组织器官变得更强壮。所以加强锻炼是提高神经系统指挥协调功能的最好方法，对神经系统功能有所了解，促使人们对体育锻炼更有信心，参与体育锻炼的积极性、自觉性和目的性更强，坚持不懈地参与到锻炼中。

体育运动中，骨骼会受到各种运动负荷的影响，适当的运动负荷可以促进骨骺软骨细胞的正常增殖，有利于骨骼的生长，骨骼的血液循环在运动过程中加速，保障骨骼的营养供给，加强新陈代谢，从而促进骨骼生长发育，使骨密度增高。

体育锻炼能提高关节的稳定性，增加关节的灵活性和运动范围。体育锻炼还可以增加肌肉体积、肌肉力量，使肌肉纤维周围有更多毛细血管，增加肌肉中毛细血管的数量，为肌肉提供血液供应。只有肌肉工作能力提高，肌肉中的肌糖原、肌球蛋白、肌动蛋白、肌红蛋白和水分含量增加，肌肉收缩能力才能提高。

运动中呼吸肌力量加强，对肺组织的生长发育和肺的扩张是很有利的，肺活量也有所增加。运动不仅能提升肺部的通气能力，同时增强身体利用氧气的能力。运动还可以锤炼人的大脑和神经，使神经细胞的力量和耐力得到增强。运动还能促进人的心理健康，使人在各种环境中都具有很好的适应能力。大脑左右人的思想，心理健康代表身体正常发育，神经系统和大脑的正常发育很重要，所以积极的体育锻炼能够使人身体正常发育，为智力发育提供坚实的物质基础。

三、现代人运动保健的理念

现代人倡导通过运动进行养生，用活动身体的方式来维护健康、增强体质、延长寿命、延缓衰老。因此，体育锻炼已成为现代人健康保健、科学生活的重要元素。世界各国都倡导终身体育、大众健身，以此来提高人们的生活质量。我国制定了《中华人民共和国体育法》，国务院颁布了《全民健身计划纲要》《全民健身条例》等，通过这些法律、条例，鼓励人们参加体育锻炼，通过体育锻炼达到健身的目的。幼儿时期的体育锻炼尤为重要，幼儿在户外多变的气温环境中锻炼，在充足的阳光和新鲜空气等自然条件下锻炼，能使其皮肤受到适当的反复冷热刺激，增强机体的调温能力，提高对自然环境变化的适应能力和对疾病的抵抗能力，从而减少感冒和其他疾病的发生。

四、新时代背景下运动与健康认知结构形成特点

现代化的背景不仅仅对于运动与健康关系的变化形成了强大的建构

作用，而且对于人们对这对关系的认知结构提出了调整，人们认知意义上的两者关系结构和两者事实上的关系结构混杂在一起，只有对这两方面都形成认知，最终才能解释现代背景下两者关系的真实意义。

（一）专家系统：运动与健康关系认知的基础

运动与健康的关系，同样有一个庞大的专家系统发挥着作用。从我们进入学校学习，我们身边运动领域的权威——体育老师开始告诉我们体育运动对于健康大有裨益，大多数人由此习得了第一种对于两者相关性的认识：运动对健康有益。进入社会之后，我们能够接触到更多专家，无论他们告诉我们的内容是什么，都作为一种“实践意识”进入我们的脑中，形成了我们对于这一问题认识的基础。

（二）传媒的作用：媒介、误导与商业因素

专家系统构建了人们对于运动与健康之间关系认知的基础，但是人们对于更多知识、经验的了解却是通过无所不在、铺天盖地的传媒力量获得的。特别是在当代社会，人们对于健康与运动特别热衷，为提高收视率和影响力，很多电视台、网站都提供相关指导，这是人们形成对关系认知形成的主要渠道。

我们需要谨慎考虑网络、电视等传播媒介对于传媒的作用，传媒力量常常过高地评估某一项运动对于健康的影响，气功、瑜伽等都曾经被一些传媒力量有意无意地“提拔”过。由于很多传播者本身也不是专业人士，受众抱着宁可信其有的想法，可能在传播中发生一些错误，对运动健康产生不良影响。

正是基于上述两种特质的结合，人们对于运动与健康关系的认知一方面具有盲目性和迷茫性，另一方面又具有一定的反思性。

第三节　运动与幼儿健康成长的关系

一、运动与幼儿认知发展的关系

人从儿童时期的爬、抓东西到走路，都是出于生理和心理上对运动的需要。儿童喜欢运动，为动而动，当他们发现或学会了一种运动方式后，就不断重复，从中体验到运动带来的刺激和享受。童年是一个运动的阶段，没有哪个生命阶段的运动会如童年阶段一样承担着如此重要的作用。特别是2—6岁这个阶段，儿童惊人的活动量和运动欲、永不停歇的发现欲和持续的尝试是这个阶段的标志。儿童通过动作发现自己和世界，通过自己的身体和感官去适应他们周围的世界。运动一方面是幼儿感知世界和现实的方式，另一方面也直接传递了儿童纯真的生活乐趣。

幼儿身体动作的发展是其认知发展与个性社会性发展的重要支撑因素，体育活动能促进心理的发展，如感知觉、记忆、思维、注意、情绪等。幼儿的体育活动伴随着认知活动，如空间概念、时间概念等，幼儿需要对体育活动中的多种变化做出迅速的反应，这有助于培养幼儿的观察能力、记忆能力、想象能力、思维能力和判断能力等。雷纳特·齐默尔认为，运动教育不仅给幼儿提供了充足的空间和全面发展的机会，更重要的是通过体育运动使幼儿获得了身体经验和感官经验。

二、运动与幼儿个性发展的关系

幼儿期是自我概念形成的萌芽时期。幼儿年龄越小，身体活动能力就越成为其一切行动或行为的基础。幼儿能够做什么、不能做什么，主要是由其身体活动能力决定的。因此，幼儿对自己身体活动能力的确认，有可能成为其“自我概念”的一个中心。儿童是相信自己的能力还是轻视自己的能力，是积极主动与他人交往还是采取保守态度对待别人，遇到困难是立刻放弃还是迎接挑战努力克服——所有这些都取决于儿童的自我的映像。儿童的自我概念及同一性与儿童的体验是联系在一起的，而儿童早期的很多体验也都是与身体运动联系在一起的。例如，幼儿能大胆尝试跳高、大胆攀爬攀登架、尝试变化身体姿势拍球等，这些幼儿往往能得到成人与同伴的赞赏与钦佩，能从他人的评价中感到自己很棒，从而逐渐形成肯定自我的概念，自信心得到增强，愿意在今后的活动中，大胆尝试新的活动，即使在以后的运动中遇到困难也会充满信心地尝试和克服。这样的体验与感受将有利于幼儿形成积极的自我价值感。

大量研究表明，运动能力与个性特征之间有密切的关系。幼儿在运动中能表现出其个性特征，运动中容易兴奋、动作速度快的幼儿，在走平衡木时，常常表现出缺乏耐性，动作的准确性也差。因此，教师要针对幼儿个性特点，选择不同类型的身体活动，有目的、有针对性地促进幼儿良好个性的形成。对于意志力强，但不够灵活、敏捷的幼儿，可以多进行躲闪跑、团队协同的活动，通过运动逐渐提高其身体素质。

三、运动与幼儿社会性发展的关系

运动是幼儿的本能活动，幼儿参加一定负荷的运动，能使他们体内过多的能量得到消耗，使情感得到宣泄，身心得到放松。同时，幼儿园丰富多彩的运动器械、形式多样的体育活动，能刺激幼儿产生快乐、兴奋的良好情绪，运动中的成功与满足能让幼儿获得积极的运动体验，使他们笑口常开、情绪愉悦、充满自信。

体育活动中的很多运动项目需要在社会性的场合中进行，如球类活动，幼儿需要学会与他人合作完成；民间体育游戏“两人三足”“抢椅子”“斗鸡”等，都需要与同伴一起合作才能进行。这样的运动不仅增加幼儿与同伴的交往，还需要幼儿与同伴协做共同完成。幼儿在这样的活动中学习与他人交往，学习与他人合作。

在幼儿体育活动中有许多需要幼儿遵守的规则，如执行游戏规则、等待、合作、收拾整理物品、爱护器械、开始运动与结束运动等。幼儿在教师的要求和指导下，自觉遵守各种规则，逐渐形成规则意识。

四、运动能促进幼儿健康成长

人在不同时期，体育锻炼的作用不同。在生长发育期，体育锻炼能促进身体的正常生长发育；在成熟期，体育锻炼能保持旺盛的精力与充沛的体力；在衰退期，体育锻炼能延缓衰退，延长工作年限，延年益寿。

在童年阶段，运动能促进幼儿身体的健康发展。多次重复的运动，能使幼儿的各器官、各系统都能得到一定强度的刺激，幼儿的身体形态、生理机能、身体素质、身体适应能力等方面也能得到发展。

在身体形态方面，幼儿参加体育活动能促进骨骼、肌肉、关节的发育，能使骨骼中的骨密度增高，骨径变粗，骨骼变得更加坚固，能使骨骼的新陈代谢加快，增加骨骼细胞营养物质的供给，提高骨细胞的生长能力，促进骨骼纵向增长。

在生理机能方面，幼儿参加体育活动能使心血管中的血流量增大，增强血管的弹性，提高心肺功能，提高神经系统对肌肉活动的控制和调节能力。幼儿参加运动可以提高呼吸道的适应能力和抵抗力，增强呼吸肌，增大肺通气量和肺活量，加深呼吸的深度。幼儿参与体育活动能加速血液循环，改善大脑供氧状况，有利于脑部和整个神经系统的生长发育，为智力活动奠定良好的基础。同时，还能改善和提高幼儿神经系统的反应能力，使之更加灵活、协调、准确，改善神经过程的不均衡性，促使大脑皮层的抑制加深，使兴奋和抑制更加集中。

在身体素质方面，幼儿参加体育活动能锻炼力量与耐力，提高神经系统对肌肉的调节与控制能力，使幼儿的平衡、协调、灵敏、速度、柔韧等素质得到发展。参与体育活动能促使幼儿走、跑、跳、投掷、攀登、钻和爬等基本动作的形成与发展。

在身体适应能力方面，幼儿参加体育活动能提高适应外界自然环境和社会环境的能力。幼儿每天坚持在自然环境中锻炼，能增强中枢神经系统调节身体对各种自然环境变化的适应能力。幼儿在室内外各种环境中运动，与不同群体的幼儿一起运动，会逐步感知身体在空间的位置，感知自己与物体的关系，感知周围环境中的人，并对周围的人、物产生亲近感，有利于提高幼儿对社会环境的适应能力。

第三章　幼儿体育活动的基本概述

第一节　幼儿体育活动的意义与目标

《幼儿园工作规程》（以下简称《规程》）指出，“幼儿园的任务是：实行保育和教育相结合的原则，对幼儿实施体、智、德、美诸方面全面发展的教育，促进其身心和谐发展。”这一任务充分体现了幼儿的年龄特点，身体发展和机能的健全发展是其他一切发展的基础。因此，《规程》强调保教结合，把体育放在首位。

体育是指以身体活动为手段的教育，直译为身体教育。随着国际交往的扩大，体育事业发展的规模和水平已成为衡量一个国家和社会发展进步的重要标志，也成为国家间外交及文化交流的重要手段。体育可以分为大众体育、专业体育、学校体育等种类，包括体育文化、体育教育、体育活动、体育竞赛、体育设施、体育组织、体育科学技术等诸多要素。通过身体活动，既可以促进身体机能和体能的发展，增进身体健康，又可以促进心理发展，培养良好的品德，提高社会适应能力。

幼儿体育活动是遵循幼儿身体生长发育规律，以增强体质，增进健康，促进幼儿身心全面、和谐发展为目的所进行的一系列教育活动。因此，在幼儿教育中需要把体育放在重要位置。

一、幼儿体育活动的内涵

（一）幼儿体育的基本概念

体育作为一种社会文化现象，与人类生活密切相关。随着社会的发展，体育已成为现代文明的重要组成部分。对于体育的认识一般包括广义与狭义两方面。广义的体育是指人们有意识地运用人体自身运动，增进健康、增强体质，以促进人的身心发展为基本特征的教育过程和社会文化活动。按照群体划分，体育包含学校体育、竞技体育和群众体育三方面。狭义的体育又称“学校体育”。学校体育从教育的总目标出发，按不同年龄阶段，围绕“增强体质”这一中心，全面实现学校体育的各项任务。学校体育的实施被纳入学校的总体计划中，与其他教育环节共同构成了一个完整的教育过程。

幼儿体育是学校体育的预备阶段和基础环节，也可以从狭义和广义两方面进行定义。广义的幼儿体育泛指0—6岁儿童的体育教育和体育锻炼，包括社会、家庭、幼儿园体育活动等。从广义的视角可以看出，影响幼儿体育活动的因素多种多样。狭义的幼儿体育特指幼儿园的体育教育，是指幼儿园中教师养护幼儿，并有目的、有计划地指导幼儿掌握卫生保健知识、练习动作，使幼儿掌握一定的动作技能，增强体质，从而使身心得以和谐发展。

（二）幼儿体育活动的特征

幼儿体育与其他年龄阶段体育的内涵存在一定的区别，其目的及相关任务也有不同的侧重。由于早期“运动”是幼儿各方面成长的最主要手段，因此在幼儿园中，幼儿体育既关注幼儿的生命健康和正常的生长发育，同时也承担着培养幼儿健康心理、安全能力、生活能力、认知思维、社会性发展等方面的任务。

在幼儿园中，幼儿体育以游戏为基本形式，以集体与自主的活动为基本组织方式，遵从幼儿成长规律，从幼儿的基本需求出发开展体育活动，呈现出更多“活动”而非“训练”的特点。幼儿体育活动成为实现幼儿体育的主要途径。

1. 以服务身体养护与健康成长为基本前提

与其他教育活动相比，幼儿体育活动有其特殊性。由于体育活动、生活活动、睡眠及营养等都是幼儿身体养护不可缺少的重要元素，因此幼儿体育活动不仅归属于教育活动，还具有儿童身体养护的功能。在幼儿园教育中，体育活动的开展必须保障幼儿有足够的运动时间及合理的运动量，从而使体育活动的养护功能得以实现。同时，教师应该积极创设良好的生活条件，科学安排幼儿的生活，制定和执行合理的生活制度，培养幼儿良好的生活卫生习惯，提供适宜幼儿生长发育的丰富营养，使幼儿健康成长。这是幼儿体育活动不同于其他年龄段体育活动的一项主要特征。

2. 以基本动作及动作技能的活动为主要内容

与其他年龄段的体育活动相比，幼儿的体育活动主要以基本动作及基本运动技能为主要内容。幼儿出生后，因遗传逐步展开的人的特性行为是其后期一切行为发展的基础。在此基础之上，在幼儿园时期运用、巩固、提高幼儿的基本动作能力就显得尤为重要。幼儿体育活动还应逐步拓宽幼儿的动作技能及技巧，提高操作的有效性，为幼儿今后的学习、生活及运动打下扎实的基础。教师必须从幼儿身体发育的特点出发，考虑每个年龄阶段动作发展的连续性及差异性，才能使体育活动顺利开展。

3. 以游戏活动为基本形式

游戏是儿童的天性，也是幼儿园教育的基本形式，表现出幼儿的自我需求与积极情感、情绪的需求，这是幼儿体育不同于其他阶段体育的重要特征。教师在设计与组织各种活动时，要合理运用游戏中的各种有效元素，如自我表现、运动中的想象、夸张幽默、自我实现、自我挑战等，使幼儿在良好的情绪中得到精力的宣泄与身体的发展。

4. 以与多样材料进行交互为主要途径

幼儿与多样材料进行体育的交互性活动也是幼儿体育活动的主要特征之一。幼儿时期，人与人之间的交际交往能力相对较弱，但对于外界事物的认知与探索表现出浓厚的兴趣。人与物的接触是最早形成的活动方式，也是最容易激发幼儿进行体育活动的重要手段。幼儿园应提供大、中、小型的各种材料开展幼儿体育活动，同时教师应认识到材料与幼儿动作发展之间的关系，才能使幼儿体育活动全面、有效地开展。

5. 以创造性环境为主要场地

幼儿园体育活动强调幼儿多种运动能力的发展，一方面通过幼儿与多样材料的交互得以实现，另一方面通过幼儿与创造性环境的交互得以实现。因此，幼儿园阶段的运动环境与其他阶段相比较，表现出极大的特殊性。这对于幼儿园运动场地的创设提出了更高的要求，既需要提供更全面、多样的自然环境，如沙池、水池、草地、山坡、岩壁等，同时也需要提供各种人文环境，如小桥、迷宫、小屋、球场、车道等，使幼儿在各种创造性的环境中得以全面、综合发展。

二、幼儿体育活动的意义

随着经济飞速发展，科技不断进步，当今社会对人才提出了更高、更新的要求。健康的身体是实施全面发展教育的重要物质保证。体育活动又是促进幼儿身心健康、和谐发展的重要手段之一。

幼儿时期，身体各器官、系统的机能尚未发育成熟，科学、适宜的体育活动，能促进幼儿身体各器官、系统机能的正常生长发育，因为体育活动能增加骨细胞营养物质的供给，使骨密质增高，骨骼变得更加坚固和粗壮，能使肌纤维增粗，增强肌肉、肌腱和韧带的力量、耐力和弹性，有利于增强关节的灵活性和牢固性，从而增强运动系统机能；由于活动时心跳加快，循环加快，呼吸加快、加深，从而增强心脏功能和心血管弹性，并能增强呼吸肌力量，增大肺通气量，提高呼吸系统的适应能力和抗病能力，从而提高循环系统、呼吸系统的功能。

动作的发展与中枢神经控制能力的发展有着密切的关联，而中枢神经控制能力的发展，又进一步促进幼儿动作的发展，所以运动不仅能使大脑皮层的抑制和兴奋更加集中，而且能提高神经系统对感知觉和肌肉运动的综合调节能力，使身体运动更加协调、准确、灵活，从而促进神经系统功能的发展。由此看来，体育活动对促进幼儿身体的正常发育和机能的协调发展有着重要的意义和作用。

科学、适宜的体育活动能促进幼儿认知能力的发展。健全的大脑是心理发展的物质基础，体育活动能促进幼儿神经系统反应灵敏，为幼儿接受智育提供良好的条件。通过体育活动，幼儿可以获得丰富的知识和运动经验，使幼儿的感觉、知觉更加敏锐，观察更加细致、准确，还能使幼儿的理解能力、记忆力、想象力、思维能力、判断能力等得到发展。

丰富多彩的体育活动能培养幼儿活泼、开朗的性格和优良的品德。体育活动的成功，既能为幼儿带来欢乐，又能培养幼儿勇敢、顽强的意志品质和自信心，同时还能培养幼儿参与、乐群、合作及群体意识，使之形成良好的个性，有利于促进幼儿社会性的发展。体育活动中的动作美、姿态美可以培养幼儿对美的感受和认知，塑造健美的体格，陶冶美的情操。

综上所述，体育活动在幼儿教育中，对培养幼儿身心全面、和谐发展具有十分重要的意义和作用。

三、幼儿体育活动的目标任务

（一）幼儿体育活动总目标

根据《规程》及《幼儿园教育指导纲要（试行）》中健康领域目标的精神，幼儿体育活动的主要目标是：健康活泼，喜欢参加体育活动，动作协调、灵活，好奇探究，文明乐群，勇敢自信，逐渐具有自我保护意识和能力。因此，幼儿体育活动总目标可以概括如下：喜欢参加体育活动，养成运动的习惯；遵守体育游戏规则，懂得听信号完成体育任务；用感兴趣的方式练习基本动作，形成正确的身体姿势，提高身体素质；在体育活动中养成勇敢、不怕困难的意志品质和乐观、合作的精神。

（二）幼儿体育年龄阶段目标

年龄阶段目标是以不同年龄阶段幼儿的身心发展特征为依据而确定的健康教育目标，它的确定有利于增强幼儿健康教育的适宜性和发展性。以下所列的各年龄阶段目标仅供参考，各地可根据幼儿的特点灵活掌握。

1.小班

第一，能上体正直、自然地走和跑；能向指定方向走和跑；能在指定范围内四散跑、追逐跑；能步行1千米；能连续跑约半分钟；能一个跟着一个走，走成一个圈；能较轻松地双脚交替跳着走。

第二，能较轻松自然地双脚同时向前跳、向上跳，能从25厘米高处自然地跳下。

第三，能双手用力将球向前、上、后方抛，能单手自然地将沙包等轻物投向前方。

第四，能在平行线（或窄道）中间走，能在宽25厘米、高20厘米的平衡木（或斜坡）上走。

第五，能在65—70厘米高的障碍物（如绳子、皮筋、拱形门等）下钻来钻去；能手、膝着地自然、协调地向前爬；能倒退爬；能钻爬过低矮障碍物；能在攀登架上爬上爬下，或从网的一侧爬至另一侧（必要时教师可以帮助）。

第六，初步学会听各种口令并做出相应动作，能边唱儿歌或边听音乐边做模仿操或简单的徒手操。

第七，会玩滑梯、攀登架、转椅等大型体育活动器械并注意安全；会骑小三轮车；会推拉独轮车；会滚球、传球、抛接球和原地拍皮球；会利用球、绳、棒、圈等小型体育器材进行身体锻炼。

第八，喜欢并愿意参加体育活动，初步掌握体育活动的有关知识和规则，爱护公物，愿意帮助教师收拾某些小型体育器材。

2. 中班

第一，能听信号按节奏上下肢协调地走和跑；能听信号变速走、变速跑；能听信号变化方向走；能前脚掌着地走、倒退走；能跨过低矮障碍物走；能绕过障碍物跑；能快跑20米，走跑交替200米；能在一定范围内四散追逐跑；能步行1.5千米，连续跑约1分钟；能听信号切断分队走、一路纵队走。

第二，能自然摆臂练习纵跳触物（物体离儿童举手指尖20厘米左右）；能双脚熟练地向前跳或双脚在直线两侧行进跳；能立定跳远，跳距不少于30厘米；能双脚从30厘米处往下跳，落地轻；能助跑跨跳过平行线，跳距不少于40厘米；能单、双脚轮换跳，单足连续向前跳。

第三，能肩上挥臂投掷轻物；能自抛自接低球；能两人近距离互抛互接大球；能滚球击物；能左右手交替拍球。

第四，能在宽20厘米、高30厘米的平衡木（或斜坡）上走；能原地自转至少3圈而不跌倒；能闭目向前走至少10步。

第五，能熟练、协调地在60厘米高的障碍物（如圈、拱形门等）下较灵活地侧钻；能手、脚着地协调地向前爬；能手、脚熟练、协调地在攀登架、攀登网或肋木上爬上爬下；能团身滚。

第六，能较熟练地听口令或信号并作出相应的动作；能听信号集合、分散、排成4路纵队（包括切断分队）；能随音乐节奏较准确地做徒手操和轻器械操。

第七，会玩跷跷板、秋千等各类大型体育活动器械；会骑小三轮车、带辅轮的小自行车；会用球、绳子、棒、圈及其他废旧材料（如易拉罐、可乐瓶、报纸等）开展小型、多样的体育活动。

第八，具有一定的抵御寒、暑、饥、渴的能力和抵抗疾病的能力。

第九，喜欢并能较积极地参加体育活动，初步养成参加体育活动的习惯；能较自觉地遵守体育活动的规则；互助合作，爱护公物，能及时收拾小型体育器材。

3. 大班

第一，能轻松自如地绕过障碍进行曲线走和跑；能快跑30米或接力跑；能走、跑交替（或慢跑）300米左右；能步行2千米，连续跑约1分30秒；能听信号左右分队走。

第二，能原地蹬地起跳，连续纵跳触物（物体离幼儿举手指尖25厘米左右）；能双脚熟练地改变方向（前、后、左、右）跳；能从35—40厘米高处自然地跳下，落地轻稳；能立定跳远，跳距不少于40厘米；能助跑跨跳过平行线，跳距不少于50厘米；能助跑跳远，跳距不少于40厘米；能助跑屈膝跳过约40厘米高的垂直障碍，能连续向前跳跃多个高40厘米、宽15厘米的障碍物。

第三，能半侧面单手投掷小沙包等轻物约4米远；会肩上挥臂投掷轻物并投准目标（如直径不少于60厘米的标靶，投掷距离约3米）；能抛接高球，或两人相距2—4米互抛互接大球。

第四，能在宽15厘米、高40厘米的平衡木上变换手臂动作（叉腰、平举、上举等）或持物走；能两臂侧平举闭目提踵自转至少5圈，不跌倒；能两臂侧平举单足站立不少于5秒。

第五，能熟练、协调地侧身、缩身钻过50厘米高的障碍物（如拱形门等）；能手、脚协调、熟练地在攀登架或肋木上爬上爬下；能在单杠或其他器械上做短暂的悬垂动作；能在攀登绳上爬高约15米；能熟练地在垫子上做前滚翻、侧滚翻。

第六，能熟练地听各种口令和信号并做出相应动作；能听信号迅速地集合、分散、整齐列队、变化队形；能随音乐节奏有精神地做徒手操和轻器械操，动作有力、到位。

第七，会玩低单杠、秋千、脚蹬车等其他大型体育活动器械；会踩高跷、跳绳（50次以上）、跳皮筋；会运球，传接球、用脚踢球；会用球、绳子、棒、圈、积木、报纸、轮胎等废旧材料开展各种身体锻炼活动。

第八，具有抵御寒、暑、饥、渴的能力和抵抗疾病的能力。

第九，热爱体育活动，有积极参加各种身体锻炼的习惯；能自觉遵守体育活动的规则和要求，合作、负责、宽容、谦让、爱护公物；有集体观念；能克服困难，并体验克服困难取得胜利后的愉悦；能独立或合作收拾各种小型体育器材。

（三）幼儿体育活动的基本任务

《3—6岁儿童学习与发展指南》对于幼儿园体育活动提出了具体的目标要求，并针对幼儿身体发展提出了相关的建议，要求“每天的户外活动时间一般不少于2小时，其中体育活动时间不少于1小时，季节交替时要坚持”。它对幼儿身体的协调能力、平衡能力、灵敏性、力量及耐力等的发展也提出了相应的要求。

幼儿园体育活动是在集体中有目的、有计划、有组织、有评价地通过具体的内容使幼儿身体得到锻炼的过程。在幼儿园中，体育活动的开展应达成以下目标：

第一，不断开展各种形式的体育活动，科学培养幼儿参加体育活动的兴趣，使幼儿养成有规律运动的良好习惯。

第二，增强幼儿体质，促进幼儿身体的正常发育，养成正确的身体姿势，提高机体对环境的适应能力，使幼儿身体健康发展。

第三，通过各种体育活动的有效开展，不断提高幼儿动作的协调能力、灵敏性及平衡能力。

第四，通过开展各种形式的体育教育活动，不断丰富幼儿的认知能力，培养坚强、勇敢、不怕困难、主动、乐观、合作的良好意志品质与个性，使幼儿身心得到健康发展。

第五，在体育活动中，不断增强幼儿自我保护的意识和能力。

第二节 体育活动对幼儿身心发展的影响

现代人体科学和幼儿教育科学研究表明，促进幼儿身心健康发展，不仅是指幼儿的身体没有疾病，而且包含身体和心理都能按照人体生长发育规律正常、和谐地发展。身体发展包括身体形态、机能、体能、适应能力等方面的发展，心理发展包括认知、个性、情感、社会等方面的发展。

体育活动与幼儿身体和心理发展有着密切的联系，前者对后者的发展起着积极的促进作用。学习和理解这些理论知识，能使教师在幼儿体育工作中找到理论支撑或者依据，对幼儿实施健康教育、实现幼儿体育目标、开展幼儿体育活动都具有重要的指导作用。

一、幼儿身心发展特点

幼儿主要是指3—6岁这一时期的孩子。对孩子来说，这是一个黄金时期，因为这一时期是孩子一生中身心各方面发展最迅速的时期。

第一，在身体发育方面，幼儿身高、体重、动作技能等方面能取得长足进步；身高一般每年增长5厘米左右，体重增加2千克左右。脑的发育较快，3岁时脑重也是出生时的3倍，约1千克，至6岁时脑的重量约为1.25千克（成人脑重约为1.4千克）。幼儿脑的功能也不断趋向成熟，大脑皮层的分层、细胞的分化、神经纤维外层髓鞘的形成以及大脑皮层对外界刺激反应的调节都日趋完善。5—6岁时，脑的结构已经较为成熟，这意味着可以开始学习知识了。骨骼的骨化过程较强，特点是水分多而固体物质和无机盐成分较少，富于弹性且可塑性大，受压易弯曲变形。关节附近的韧带较松，关节的臼窝较浅，易引起脱臼或损伤。大肌肉群先发育，小肌肉还未发育完善。肌肉较柔软，力量和耐力较差，容易疲劳。皮肤较娇嫩，表皮层薄，控制感染力较差。心脏发育迅速，5岁时心脏的重量是新生儿心脏的4倍。心脏肌肉层的厚度较成人偏薄，心脏的容量也较小，每次排血量较少，心脏的负荷力较差，所以不能进行长时间或激烈的活动。免疫功能还不成熟，因此容易感染各种传染病，要按时接受各种预防接种和做好日常卫生、消毒等工作。呼吸道较成人窄小，发炎时黏膜更容易出现肿胀；由于肺泡的发育程度较差，因此呼吸道感染后较易出现呼吸困难；适宜的户外活动，可以提高肺活量，增强呼吸系统对外界的适应性。乳牙钙化程度较低，组织结构脆弱，易受损伤。如牙齿排列不齐、口腔卫生不良、营养不足，常易发生龋齿，要注意营养及养成良好的口腔卫生习惯。消化能力比较弱，消化道的功能不稳定，适应性差，食物过量，或受冷受热，或情绪不安定，或有其他疾病，都易影响消化系统的正常功能。尿的浓缩功能较差，膀胱较小，排尿调节功能不够完善，小便频繁，要养成及时、定时排尿的习惯。

由于大肌肉的发展，他们会不知疲倦地从事各种活动：如自如地走、跑、跳；单脚跳跃，甚至跃过低矮的障碍物；跑上跑下楼梯，熟练地攀登；抛掷各种物体；在音乐的伴奏下，节奏明快、动作整齐地跳舞；在跑动中越过各种障碍物，如沙坑等；按照一定的规则参加体育竞赛。5—6岁，小肌肉开始发展，这时就能从事绘画、写字、塑造等活动了。

第二，语言发展方面，3—4岁的幼儿能够掌握全部基本词音，随着知识经验的丰富，词汇量迅速增长（3岁：800—1000个；4岁：1600—2000个；5岁：2200—3000个；6岁：3000—4000个）；已经能掌握各类词，词汇中实词多（其中名词、动词最多），虚词少；逐渐明确词义并有一定的概括性，基本上掌握了各种语法结构，语句以简单句为主，复合句较少。在正确教育下，随着对句子的形式和语法结构的掌握，可自由地与他人交谈，出现了自我中心言语。自我中心言语是伴随着动作和游戏而进行的自言自语，既可以帮助儿童出声地思考，又能暂时满足他们在现实中无法实现的一些愿望。5—6岁幼儿连贯性口头语言的表达能力有较大的提高。但是，由于他们的知识和经验不够丰富，认识水平有限，掌握的词汇量不够多，对词义的理解不够准确，不能确切地表达自己的思想，口语中往往出现不少言语失常现象。这一阶段常出现三种言语失常现象：口齿不清、发音含糊和口吃。口齿不清一般发生在换牙期间，在新牙长出后就能纠正。发音含糊是由于嘴唇、舌和下颌的运动不灵活造成的。运动不灵活可能是因为害羞、胆怯，常在情绪激动时发生。口吃的原因有多种，一般是由于情绪紧张、神经过敏，有的是模仿别人口吃形成的，还有一部分是遗传。

第三，在思维发展方面，逐步克服直觉行动思维，并初步发展到具体形象思维（幼儿时期各种心理过程带有具体形象和不随意的特点，抽象的和随意的思维只是刚刚开始发展），学会在动作之前就能在头脑里进行思考，思考超越了时空的限制，有了一定的目的性和预见性。但是，思维还离不开事物的形象，对事物的概括也总是具体的、形象的。3岁左右幼儿的思维是在直接感知和具体行动中进行的，以后逐渐向具体、形象思维过渡，并成为幼儿期思维的主要形式，因此他们更多地依赖于生动的、鲜明的形象去认识和理解事物。6岁左右的幼儿抽象逻辑思维开始发展，他们可以进行简单的抽象逻辑思考，如口算10以内数字的加减、判断一个故事要说明的道理等。他们能运用词和已获得的知识、经验进行分析、综合，形成对外界事物比较抽象的概念。

幼儿感知觉逐渐完善，对生动、形象的事物和现象容易认识，对较复杂的空间、时间认识较差。他们观察的随意性水平较低，易受外界刺激的影响而转移观察的目标。幼儿注意很不稳定，对感兴趣的事物注意力较易集中，但时间不长。幼儿记忆带有很大的随意性和直观形象的特点。随着语言的发展，幼儿随意识记和追忆的能力逐步得到发展。除了机械识记之外，他们已有意义识记的能力，他们对理解的材料要比不理解的材料识记的效果好得多。对图像的辨认和记忆能力很强，认记图、字都有较好的效果，可以完整地记住一个短小的故事或大人委托的一件小事。记忆能保持较长时间。把一个字作为一个完整的图形辨认和记忆，较少分析偏旁部首、字形结构，所以认字不够准确，常常容易把形近的字混淆。4—5岁时，还不会利用语词作为记忆的中介；6—7岁时，虽不会主动利用语词作为记忆的中介，但一经提醒，记忆的效果就会迅速提高。幼儿具有丰富的想象力，这集中表现在游戏以及泥工、绘画、讲故事等活动中。可以事先想好游戏活动的主题，计划游戏活动的内容，并预期游戏活动的结果；还可以事先分配好角色，确定活动规则，在游戏中按规则、角色身份行事。喜欢夸大事物的某些特征，如流汗时要画出大颗的汗珠；大萝卜比人还大，要大人、孩子、小狗、小猫等一起拔。3岁幼儿想象的主题容易变化，常常带有夸大性。经过教育，到五六岁时想象的内容逐渐丰富，已经能在用词描绘的基础上创造新的形象，在游戏和绘画中反映出来。幼儿可以正确辨别红、橙、黄等七种颜色，并能分辨每种颜色的几种不同色度；能辨别上下、前后和以自己为中心的左右；能说明什么是白天、什么是晚上，不仅知道“今天”“明天”和“昨天”，而且知道“前天”和“后天”，并能正确使用它们；初步学习看钟表，会看整点和半点；知道一年有四季，共有12个月，一个月有多少天；看似简单的图画，可以把握整体，照顾到部分与整体的关系，能看出所画各事物之间的联系；可以识别各种最基本的几何图形。

第四，社会交往及社会技能的发展方面，这一时期的幼儿大部分都不甘寂寞，喜欢与同伴一起玩，玩伴的数量随着年龄增长而增加。玩伴关系不稳定，经常变化于身心各方面的发展。

3—6岁幼儿开始产生参加成人的社会实践活动，特别是劳动和学习活动的需要。但是，他们的知识和经验缺乏，能力有限，还不能真正参加成人的活动，这成为这一年龄阶段幼儿心理发展的主要矛盾，而游戏就是解决这一主要矛盾的最好的活动形式，它有利于促进幼儿身心的发展。针对这一年龄阶段的特点，可设计以下四种儿童游戏（以智力发展水平分）：新奇的、愉快的刺激所引起的游戏，如手舞足蹈、反复撕纸、逗引时的嬉笑、扔掉拾起的东西、敲打手中的玩具等；简单的动作模仿，如拿筷、匙自己吃饭，模仿演员的表演动作等；象征性游戏，如办家家等；创造性游戏，如搭积木、主题游戏或角色游戏等。

游戏转向联合性和合作性的游戏，玩伴关系由比较松散的撮合到比较协调的、有规则约束的结合。玩伴不稳定，经常在变化。游戏中争吵是常有的事，一般是为了争夺玩具或争演某个角色，也有的是为了使别的孩子服从自己。不过争吵的时间不长，也不会因此耿耿于怀。在没有玩伴的情况下，有的孩子会假想一个同伴跟自己玩，这种情况在3—6岁儿童中占一定比例。独生子女、智力较高的孩子更可能有假想的伙伴。这种情况一般到入学时会自行消失。

第五，情绪和情感方面，一般成年人体验到的情绪，他们大部分已体验到了。他们的情绪是外显的、缺少控制的，常常处于极度高涨的状态。有时会出现极度的恐惧，他们的害怕随年龄的变化也在变化，对声音、陌生人或物、痛或身体失去平衡等的害怕逐渐减弱，而对想象中的事物，如黑暗、动物、鬼怪等的害怕加剧了。对讥笑、斥责、伤害等的恐惧也在增加。有时会莫名其妙地发脾气。容易激动、变化、外露而不稳定。他们的情感常受外界情境所支配和周围人的情绪所影响。幼儿的道德感、美感、理智感开始形成。在集体生活中，道德感得到进一步发展，幼儿能把别人或自己的行为与行为准则相比较，从而产生积极或消极的道德体验。理智感产生，突出的表现是好奇和好问，他们的提问相当一部分只是为了引起大人对他们的注意。他们还特别喜欢收集“破烂”、拆装玩具，这是探究性的强烈表现。幼儿意志行动的坚持性和自制力有了比较明显的发展，但仍不够稳定。

第六，个性发展方面，这一时期是儿童个性形成的关键时期。3—6岁是幼儿个性倾向开始萌芽的时期，由于环境、教育条件和遗传因素不同，幼儿在身心发展上存在个别差别，逐渐表现出性格、兴趣、能力等方面的个人特点，幼儿开始形成自己最初的个性倾向并会在自己的一生中都保留其痕迹，因而在人的心理发展中具有重要作用。在与成人和同伴的交往中，自我意识有所发展，已经对自我形成某种看法，如知道自己是聪明的还是愚笨的，是勤快的还是懒惰的，是漂亮的还是丑陋的，是讨人喜欢的还是惹人讨厌的等等。6岁时，幼儿已养成自己的一套行为习惯。个性心理特征已初步形成，智力超群或有特殊才能的“神童”崭露头角。孩子的行为习惯全是被成人强化的结果，他们一般认为被成人接纳的行为都是好的行为，反之则是不好的行为。要特别关心那些动作笨拙、胆怯、不合群的孩子，通过指导使他们尽快受到同伴的欢迎。

这一时期形成的个性特征和倾向性是一个人个性的核心，虽然以后也能对其中一些不良个性特征加以改造，但往往只能是量的变化，除非客观环境、儿童的亲身经历出现极严重的转折，否则是很难改变的。正因为如此，要特别重视这一时期的教育。此外，3岁儿童已知道自己的性别，但对性别会不会变化还不太清楚。6岁儿童已知道一个人的性别不会因为服饰的改变、年龄的变化而变化。由于教育的影响，儿童已意识到不同性别在行为上的差异。4岁前，与同性或异性玩伴都玩得十分融洽；4岁后，男孩、女孩的游戏内容开始分化，5岁后更加明显。

二、体育活动对幼儿身心发展的影响

（一）体育活动对幼儿身体发展的作用

幼儿身体的发展，是一种有规律的自然现象，如果没有特殊的障碍，他们都会自然地生长发育，长高、长大。但是，身体能不能得到正常的生长发育，或者说能否在遗传因素下充分生长发育，这取决于后天的生活条件和锻炼。幼儿的身体发育应该以体育锻炼为基础，体育锻炼要根据幼儿身心发展的特点及其规律来进行。

在幼儿年龄阶段开展体育活动，对他们身体的发展将起到积极的促进作用，其原理主要是：幼儿的身体通过多次重复的身体练习，给各器官系统以一定的强度和量的刺激，使它们在形态结构、生理机能和生物化学方面的适应性得到增强。

1.体育活动与幼儿身体形态的发展

身体形态是身体的外部形态和特征，包括身高、体重、胸围、头围等。而身高、体重、胸围则由人体的骨骼、肌肉、关节所组成。

人体在运动时离不开骨骼、关节和肌肉的相互作用。骨骼起着杠杆作用，关节是运动的枢纽，肌肉收缩是运动的动力。体育活动不断促进幼儿身体骨骼、肌肉、关节的发育。

（1）体育活动对幼儿身体形态发展的促进作用

首先，适宜的体育活动能加快幼儿机体的血液循环，增加骨骼生长所需要的营养物质，刺激骨细胞的生长，从而有利于身高的增长。经常进行体育活动还能使骨密质增厚，骨径变粗，使骨骼变得更加粗壮和坚固，提高了骨的抗弯、抗折、抗挤压、抗扭转的能力。

其次，幼儿体育活动时，肌肉工作比平时增加，血液供应充足，蛋白质等营养物质的吸收与储存能力增强。这能促进幼儿肌纤维增粗，进而使肌肉逐渐变得结实，提高了肌肉的力量和工作能力。

最后，体育活动能使幼儿肌肉关节的肌腱和韧带增粗，肌力增加，加强了关节的稳固性。

（2）幼儿进行体育活动时的注意事项

第一，应培养幼儿正确的坐、站、走、跑、跳的姿势，多做对称性的动作，使幼儿身体左右、上下肢体均匀、协调地发展。

第二，教会幼儿正确的跳跃动作，脚落地时屈膝缓冲。尽量选择在草地、沙地和塑料地上跳跃，避免在坚硬的地面上做跳跃动作。

第三，幼儿肌肉的力量和能量储备较差，肌肉较容易疲劳，不宜进行长时间和运动量较大的体育活动。幼儿关节牢固性较差，不宜进行专业化或过度的柔韧性训练。

2.体育活动与幼儿身体机能的发展

身体机能是指人的整体及其组成的各器官、系统，如血液循环、呼吸、神经等所表现的生命活动的能力。身体机能一般由安静心率、肺活量和血压等指标的高低、稳定性反映出来。

（1）体育活动对幼儿身体机能发展的促进作用

首先，经常且适宜的体育活动能使幼儿心血管中的血流量增加，增强血管的弹性和伸缩能力；使肌纤维变粗、心壁增厚、心容量增大、心脏搏动更有力；使每搏输出量增加，加强心脏的调节功能和储备功能，使心血管系统能适应较大的运动负荷和突然的变化。

其次，体育活动还能促使幼儿肺脏参与呼吸，运动时肺泡增多，能促进肺泡的生长发育，提高肺脏的弹性，使呼吸肌逐渐增加，从而增大肺通气量，促进氧气的吸入和二氧化碳的排出。

最后，体育活动还可改善和提高幼儿神经系统的反应能力，使之更加灵活、迅速、准确、协调。幼儿经常参加适宜的体育锻炼，能改善神经过程的不均衡性，促使大脑皮层的抑制加深，使兴奋和抑制更加集中。

（2）幼儿进行体育活动时的注意事项

第一，幼儿心血管系统正处于发育阶段，心肌纤维细弱，心脏收缩力弱，各器官系统的负氧能力差，他们不宜进行高强度、长时间的快速运动和耐力运动，如较长时间的快速跑、耐力跑和较长时间的追逐跑，要避免让幼儿在无氧状态下运动。

第二，要逐渐教会幼儿体育活动时呼吸的方法，尽量使幼儿在做动作时与呼吸相配合，不做或少做屏息的动作。在较大活动量之后，不要立即停止不动，要做整理、放松的活动。要在空气新鲜的户外活动，不要在尘土飞扬或空气不流通的地方活动。

第三，由于幼儿神经的兴奋和抑制发展不平衡，身体平衡能力差，因此，组织幼儿体育活动的内容要多样化、游戏化，以引起幼儿的兴趣。要避免单一内容的反复练习，以及活动内容难度过大、活动时间过长等现象。

3. 体育活动与幼儿身体体能的发展

体能也称体适能，是指保证日常生活、学习和运动而又不易疲劳的身体适应能力，包括基本动作和身体素质。在幼儿年龄阶段，身体体能的发展，主要是通过各种体育游戏、体操等活动，来促进幼儿的基本动作和力量、平衡、灵敏、协调等身体素质的发展。

（1）体育活动对幼儿身体体能的发展具有促进作用

首先，经常开展各种体育活动，能使幼儿腿部、上肢、躯干等肌肉的力量逐渐增强，并随着锻炼持续时间的逐渐增加，肌肉的力量和耐力也随之增强。

其次，各种基本动作和幼儿体操的练习，能使幼儿协调、灵敏、平衡等素质得到发展。如钻、爬各种"山洞"，攀登各种"小山"，走过各种"小桥"等，都能促进协调、灵敏、平衡等素质的发展。

（2）幼儿进行体育活动时的注意事项

第一，应通过各种丰富多彩、生动活泼、适合幼儿年龄的体育活动，来促进幼儿身体体能的发展，绝不能采用成人化或运动员的训练方式发展幼儿体能。同时，还应避免进行单一的动作练习，或为发展某一素质而不断重复的身体练习，如连续推举哑铃发展上肢力量、用较长时间的保持燕式平衡姿势来发展平衡素质等。

第二，在幼儿体育活动中，不宜通过距离过长的快速跑（25 米以上）或耐力跑（300 米以上）来发展速度和耐力素质。因为幼儿还不具备无氧状态下（耐力）运动的生理基础。

第三，根据幼儿骨骼、肌肉和关节的发育特点，不适宜重点发展柔韧素质，特别是不宜进行专业化、高难度的柔韧素质练习，如纵、横劈叉，下腰，拉伸肩关节等动作练习，而应通过投掷、跳绳、做幼儿体操等各种形式的体育活动，来增强幼儿各关节的灵活性及韧带的力量。

4. 体育活动与幼儿身体适应能力的发展

身体适应能力是指人体各器官系统随着外界自然环境和社会环境的

变化所表现出来的调节各自功能以达到内部平衡状态的能力。自然环境是由山、河、土壤以及空气、阳光、水等物质构成；社会环境由人类在不同场所中创造或使用的物质构成，如家庭、幼儿园、公园的设施及室内外的家具、玩具以及社会中常见的旅馆、商店等。

幼儿要从自然人发展成为社会的人，需要经过对自然和社会环境的适应期，特别是身体的适应期。为促使他们身体较顺利地通过适应期，积极开展各种体育活动，多“良性地”（科学合理）接触环境是一种直接有效的手段。

（1）体育活动对幼儿身体适应自然环境的促进作用

提高身体对气候变化的适应能力。幼儿每天坚持一小时以上在自然环境中的体育活动，能增强幼儿中枢神经系统调节身体对各种自然环境变化的适应能力，特别是对不利气候变化的适应能力，如高温、低温、忽冷忽热、闷热、潮湿、刮风、下雨等。在各种自然环境条件下的体育活动，使大脑皮层对冷、热变化相应地建立起调节反射，使机体做好适应冷热刺激的一切生理准备，从而提高机体对自然环境的适应能力。

提高身体对疾病的抵抗能力。利用阳光、水、空气进行的体育活动，能使阳光中的紫外线、水中的矿物质、空气中的负离子作用于幼儿身体，使吞噬作用增强、抗体产生加快，以便尽快排除和杀灭细菌，保护身体免于受到侵蚀，有效地提高机体的抗病能力。

（2）体育活动对幼儿身体适应社会环境的促进作用

幼儿通过室内外各种体育活动环境、幼儿群体、教师等社会环境的不断刺激，引发了身体参与活动的兴趣，并逐渐地在活动中使身体接触、熟悉这些物体和人群，包括感知身体在空间的位置、控制身体与周围环境中的人或物之间的关系，如幼儿通过走、跑、跳、爬等身体活动，使自己能拿到或玩耍喜欢的运动器具；通过各种集体游戏、体操、与同伴一起玩耍等活动。这些体育活动，有利于提高幼儿对社会环境的适应能力。

（二）体育活动对幼儿心理发展的作用

科学合理的体育活动，不仅能促进幼儿身体的发展，还能促进幼儿认知、个性、情感等多方面的发展。人在进行体育活动时，除了身体的运动系统、循环系统等器官系统参与工作之外，还伴随着与动物不同的心理活动。这种心理活动不断得到刺激，就会产生不同的智力、个性、情感等各方面的反应，久而久之，就会形成一种较稳定的心理状态。了解和认识这些理论，对正确、全面地理解体育活动促进幼儿发展的作用，制订幼儿体育活动的目标和计划，组织指导幼儿体育实践活动都具有重要的价值。

1.体育活动与幼儿智力的发展

智力一般指观察力、判断力、记忆力、抽象思维及实践活动的总和。所谓开发智力，就是自觉有效地促进大脑机能的提高，加强大脑整体的开发和利用，以及对大脑生长发育阶段的培育。

幼儿经常参加体育锻炼，进行各种身体活动，就可以使大脑的潜在机能得到进一步开发，整体性、综合性、创造性、思维能力得到提高。

体育活动对幼儿智力发展的促进作用如下：

（1）体育活动为幼儿智力发展奠定良好的物质基础

幼儿经常进行适宜的体育锻炼，能提高心肺系统的功能，加速血液循环，改善大脑供氧状况，提高机体对氧的利用率，这些有利于幼儿大脑和整个神经系统的生长发育，从而为智力活动奠定良好的物质基础。适宜的体育锻炼，还能使幼儿体力充沛、精神饱满、情绪愉快，在这种良好的状态下，更有利于他们进行积极的思维活动。

（2）体育活动有利于幼儿智力水平的提高

体育锻炼能使大脑获得大量的信息刺激。身体运动时产生的各种动作，通过运动器官的末梢感受器传入大脑，提高了大脑皮层神经细胞的强度、灵活性、均衡性以及分析综合能力，建立起各种复杂的神经联系，使整个神经系统的功能得到加强，有益于智力水平的提高。例如，快速灵活的动作，能提高大脑神经细胞信息的传导速度；助跑跨跳、跳绳、投掷沙包、角色扮演体育游戏等，能使神经细胞之间建立起各种复杂的神经联系。

（3）体育活动有助于丰富幼儿的知识和运动经验

幼儿在进行体育活动时，伴有大量的认知活动，例如他们需要认识并记住身体部位的名称或运动器具的名称；需要理解并学会开展各种体育游戏活动的方法和规则；需要注意观察教师的示范动作并形成一定的运动表象；需要通过想象去模仿和表现大千世界中的事物、人、动植物的活动和姿态；需要学习、理解并运用基本的空间概念（前、后、左、右、上、下等）、时间概念（快、慢等）等多方面的知识；需要对于体育活动中的多种情况变化，迅速做出判断。所有这些体育活动，都与他们的认知活动有着密切的联系，都会促使他们的观察更加准确细致，知觉更加敏捷，知识日积月累更加广泛，运动经验更加丰富，从而使幼儿的注意力、理解能力、记忆力、想象力、思维能力和判断能力得到发展。

2.体育活动与幼儿个性的发展

个性是指在一定的社会历史条件下，个人所具有的意识倾向性以及经常出现的、比较稳定的心理特征的总和。人的个性虽然受一定的遗传因素的影响，但良好的个性不是先天具有的，而是在心理过程中形成、表现和发展起来的，并在生物和社会因素的影响下不断地完善。幼儿时期，是个性形成的萌芽时期，他们处于怎样的环境，具有怎样的经验，以及外界对他们的态度与评价将会对他们的个性形成产生一定的影响。

体育活动为幼儿个性的发展提供了有利的条件，它可以广泛地培养幼儿的兴趣，提高幼儿的各种能力，同时，还可以培养幼儿勇敢、果断、自信、冷静等性格特征。另外，在活动过程中，随着幼儿相互之间交往的加深，幼儿气质类型也将得到充分体现。

（1）体育活动能促进幼儿自我概念的形成和发展

自我概念是指把自己看成什么样的人、对自我的评价和对自己的印象。它将成为一个人的行为倾向，即个性的核心。对于幼儿来说，身体活动能力的强弱，将成为他们一切行动的基础。孩子能够做什么、不能做什么，主要是由其身体活动的能力来决定的。因此，幼儿对自己身体活动能力的确认，就有可能成为其“自我概念”的中心。例如，能勇敢而独立地走过较高、较窄的平衡板的幼儿，能比别人先学会跳绳的幼儿，能比别人投中更多目标的幼儿，他们往往会在教师的赞许声中，以及同伴们羡慕的目光中感到自己很有能力，从而逐渐形成肯定自我的概念，自信心得到增强，愿意在今后的活动中大胆地去尝试，甚至碰到困难或挫折时，也会充满自信地去尝试和克服。这种良好的体验，使幼儿形成良好的自我价值感，以至形成良好的个性，将会产生积极的影响。教师要在体育活动时，多运用由易到难或难易不同的活动环境，逐渐提高幼儿身体活动能力，让其体验到成功的快乐，感受到教师、同伴对他的肯定，以帮助其形成和发展“自我概念”，促使自尊心、自信心、自强不息等良好个性的逐渐形成。

（2）体育活动能促进幼儿良好的个性特征的形成和发展

幼儿在体育活动时，往往会表现出不同的活动能力、性格、气质等个性特征，例如有的幼儿运动时容易兴奋，动作速度快，但耐力差，准确性差；有的幼儿反应迟缓，动作速度慢，不易激动；有的幼儿运动中表现灵活，适应能力强，但坚持性差，情绪丰富多变，缺乏毅力、耐心；有的幼儿对运动表现冷淡，常常处于被动状态，运动时反应不灵活，容易惊慌失措，沉默寡言等等。教师可根据幼儿表现出来的不同活动能力、性格、气质等个性特征，有目的、有计划、有针对性地选择不同的活动内容，来促进幼儿良好个性品质的形成。例如，对于活泼型的幼儿，可以让他们多做平衡运动、需要意志伴随的体育游戏等；对于内向型的幼儿，可多做各种躲闪跑、跳跃运动以及需要大家协同配合完成任务的游戏等。

好动、好奇、好模仿、好冲动是幼儿年龄阶段所具有的共性特征，体育活动能使幼儿这些个性特征充分地形成和发展。教师应在体育活动中多引导、促进和鼓励幼儿，而不应该过多地限制和干涉他们。

3.体育活动能促进幼儿良好情感的发展

情感是人对其社会性需要是否得到满足而产生的内心体验；情绪是指人对客观事物是否符合自己需要而产生的内心体验。情绪、情感是人类所特有的。幼儿年龄阶段的行为最具情绪色彩，当他满足时，就产生积极的情绪——快乐、喜欢；当他得不到满足时，就会产生消极的情绪——难过、忧虑、痛苦等。

现代心理学家和医学研究已经证明了人的情绪、情感的状态对健康会产生一定的影响。快乐、喜欢、愉快等积极的情绪，有益于人的身体健康；忧虑、难过、恐惧、消沉、痛苦等消极情绪，会使人的免疫力下降，有损健康。

幼儿年龄阶段，给予他们长期的、积极的情绪、情感体验，有利于他们身体和心理的正常发育和健康发展。而长期的压抑、限制或者不适当的表达，会使他们产生消极的情绪、情感体验，从而影响身心的正常发育和健康发展，如忧虑症、焦虑症、恐惧症等。而体育活动则是增强幼儿良好情感体验、消除不良情感的最佳手段之一。

（1）体育活动能满足幼儿活泼好动的生理和心理需求

3—6岁幼儿正处在生长发育时期，他们在生长发育过程中、在新陈代谢过程中，会伴随大量的、不停顿的各种活动。幼儿园每天安排上、下午各一小时以上的体育活动，既能满足幼儿生长发育的生理需求，又能满足他们的心理需求，使他们产生愉快的情感。

（2）体育活动能促进幼儿良好的情感体验

幼儿园丰富多彩的器械活动、有角色的体育游戏等，能刺激幼儿产生各种快乐、兴奋等良好的情感体验，特别是当他们获得活动中的成功时，如用沙包击中了“怪兽”，躲过了“大灰狼”的追击，抓住了同学的“尾巴”，学会了骑羊角球跳的动作等，这些良好的情感和成功的体验，则会促进幼儿愉快、活泼、开朗、积极和充满信心的个性心理的发展。

（3）体育活动能减少幼儿不良情绪的产生

幼儿参加一定负荷的体育活动，可以使他们体内过多的能量被消耗，使他们产生满足和轻松的情感。体育活动还能转移幼儿的注意力，使其不良情绪得以释放和消除，如让他们用手击打拳击袋，让他们在草地上或柔软的垫子上翻滚，让他们持木棒用力击球，这些活动能使他们的情绪、情感得到表达和发泄。

（三）体育活动对幼儿社会性发展的作用

人与人之间的交往，形成了相互之间的集体或伙伴关系，人在参加社会生活中的这种倾向被称为社会性。换言之，社会性就是能过社会生活的人的倾向。

所谓幼儿社会性发展，是指幼儿与人交往、在团体中与别人一起游戏，彼此尊重、分享、遵守规则和纪律等能力的发展。

3—6岁是幼儿从家庭向社会过渡的开始阶段。他们通过在幼儿园与同伴、老师、保育员交往，通过看电视、画刊，玩角色游戏以及随教师参加各种社会活动，逐渐接触和了解社会的不同角色，并逐渐学会扮演其中的各种角色，他们已渐渐愿意或希望使自己的行为和思想，自己能加入社会中，使自己的行为和思想逐渐社会化，融入社会成为社会中的一员。

幼儿社会性的发展，有利于幼儿观察自己、了解自己；有利于将自己与他人比较，从而发现自己的优点和不足；有利于促进自我认识与自我批评的健康发展；有利于学会与人相处，处理好人际关系，学会交往。

1.体育活动中幼儿社会性发展的特点

3—6岁的幼儿体育活动，是从家庭以个体为主的活动开始转入幼儿园集体环境中的活动。他们在3—4岁时，仍保留着以自我为中心的各种倾向性的体育活动，如他们常常一个人玩拍球、玩沙，对同伴的活动不在意，对合作活动、小组活动不感兴趣，对游戏中的胜负的反应也不积极。然而，随着他们参与集体体育活动时间的增加以及心理和生理的发展，特别是随着教师的媒介作用，以及合作技能的学习和提高，他们逐渐喜欢参加由角色扮演的以及与同伴、与集体在一起的体育活动，对同伴的活动也会给予呐喊和帮助，对集体合作所取得的胜负结果，也反应积极起来，并十分重视。

2.体育活动对幼儿社会性发展的促进作用

（1）集体观念的形成

对幼儿来说，进入幼儿园如同进入了一个小社会，有了不同的人与环境。在早操活动中，全院、全年级幼儿在教师带领下，随着音乐共同排队做幼儿操；在体育游戏中，全班幼儿都扮成小白兔，一起跳跃着采蘑菇……这些有趣的身体活动有利于幼儿形成集体观念。

（2）社会角色的体验

体育活动中的角色游戏，能促进幼儿对社会中不同角色的认识，如在“开火车”游戏中，体验驾驶员角色；在“坦克兵与投弹手”游戏中，认识和体验战士角色；在“救伤员”游戏中，体验救护员角色等。体育活动中对各种角色的体验，有利于提高幼儿对社会的认识，并为他们适应未来社会生活奠定了基础。

（3）人际关系的建立

在幼儿体育活动中，幼儿经常做合作游戏，如两人相互滚、接大皮球时，只有在两人都很愿意玩的前提下，才能滚出、接住皮球。这些体育游戏活动，不仅增加了个体与同伴交往的机会，还易于培养与他人友好合作的能力。

（4）规则意识的养成

在体育活动中，幼儿在教师的要求、指导下，自觉或不自觉地都要遵守各种活动规则，如拿取体育器材时要有顺序，不能争抢，用完体育器材要放回原处；又如在“运粮”路上，如果碰到“小树”，要扶起来再走。这种遵守规则的良好意识和行为，为幼儿认识和适应未来社会生活中的法律和道德规范奠定了良好的基础。

（5）竞争意识的培养

体育活动中，常常伴随着各种竞争，它包括个人与个人、个人与集体、集体与集体的竞争，如两人拍球比谁多，全班一起跳绳看谁跳得最多，看哪一组最先运完“仓库”里的“粮食”等，这些体育竞赛活动，不仅有利于幼儿感受集体活动的乐趣，激发他们参与集体活动的兴趣，更能使他们逐渐了解竞争是集体活动、社会活动中客观存在的事情，使他们形成竞争意识。

第三节　幼儿体育活动的教学内容与方法

幼儿教师要根据自身掌握的体育相关知识和技能以及幼儿各阶段身心特点，组织幼儿进行科学合理的体育活动，使幼儿身心在体育活动中得到发展并掌握基本的运动技能和社会适应能力。幼儿体育内容包含了幼儿基本运动能力内容、幼儿园体操、球类运动、民间传统体育活动以及幼儿园体育游戏。

一、幼儿基本运动能力

根据《3—6岁儿童学习与发展指南》，幼儿基本动作练习的任务主要有：促进身体生长发育；提高身体素质；帮助幼儿改进基本动作的质量；提高智力水平；发展优良品质等。基本运动能力的内容主要有走、跑、跳跃、投掷、平衡、钻爬和攀爬。

（一）走步

1.幼儿走步能力发展与活动内容

幼儿走步活动包括自然走步、前脚掌走、脚跟走、轻轻走、高抬腿走、后踢走、蹲着走、弹簧步、后退走、变化手臂动作地走、拍响走、击响走、持物走、协同走等。

2.幼儿走步能力发展指导与评价

教师在组织走步活动时要注意幼儿的体态发育，帮助其预防和矫正形态缺陷；重视肌肉系统的发育，加强躯干和下肢力量可以提高走步能力；提醒幼儿走步时注意力要集中，避免摔倒和掉队。

要做到步幅均匀，落地轻柔，腰背正直，挺胸，前后自然摆臂，上下肢协调，动作放松，有较稳定的节奏，有精神。排队走步能保持队形，能踏准节拍走，并能随节拍的变化而变化。

（二）跑步

1.幼儿跑步能力发展与活动内容

幼儿跑步活动包括：自然跑、曲线跑、往返跑、弯腰半蹲跑、后踢小腿跑、后退跑、持物跑、接力赛跑、竞赛跑、协同跑、模仿跑、障碍跑、变向跑、变速跑、四散追逐跑、躲闪跑、走跑交替，听信号改变动作、改变速度、改变方向跑等。

2.幼儿园跑步活动的练习方法

榜样示范法：由教师或动作较好的幼儿做示范，让幼儿观看运动员的规范动作。体育游戏法：根据年龄特征，运用竞赛性或非竞赛性的跑步游戏。语言指导法：讲解使用的语言符合幼儿知识经验及理解能力。

3.幼儿跑步能力发展指导与评价

教师在组织跑步活动时要注意幼儿的形态发育，重视肌肉系统的发育，加强躯干和下肢力量，提高跑步能力。

要逐步做到步幅稳定，动作协调，能够很好地控制身体和方向，速度意识和竞赛意识很强，对胜负情绪反应强烈，表现出一定的意志力。

（三）跳跃

跳跃运动的锻炼价值较大。原地纵跳能增强腿部肌肉力量，发展弹跳能力；纵跳触物能提高协调性，视觉运动能力，发展弹跳能力；双脚连续向前跳能增强腿部肌肉力量，发展肌肉、心肺耐力，平衡力和协调性；立定跳远可以提高弹跳能力，下肢爆发力和协调性；从高处向下跳可以发展平衡能力；助跑跨跳能够提高灵敏性、弹跳能力、上下肢爆发力和协调性；跳绳能提高协调性、视觉运动能力、发展上肢肌肉力量和耐力；跳蹦床能提高弹跳能力、平衡力和协调性。

1.幼儿跳跃能力的发展与活动内容

幼儿跳跃活动包括双脚跳（原地双脚向上跳、立定跳远、双脚连续向前跳、双脚向上跳、双脚连续向侧跳等），单脚跳（原地和各方向移动跳），水平或垂直跨跳过障碍，助跑跳远，跳山羊，连续蹲撑跳，连续跪撑跳，跪跳进，跪跳下，支撑侧向蹲腾越，跳绳（大小绳、花式跳绳），夹包跳，协同跳，双脚开合跳，双脚交叉跳，各种跑跳步（前踢腿、后踢腿等）等。

2.幼儿园跳跃活动的练习方法

模仿法：由教师或动作较好的幼儿做示范，模仿所见到的其他事物的运动。条件法：按规定条件练习动作，注意用“条件物”激起幼儿兴趣，难度需适当。配乐练习法：做连续性跳跃时配乐或用儿歌激发兴趣，掌握动作节奏。创新法：鼓励幼儿在自由跳跃中探索新的跳跃动作。

3.幼儿跳跃能力发展指导与评价

《3—6岁儿童学习与发展指南》中提出，幼儿要能单脚连续向前跳2米左右（小班）、5米左右（中班）、8米左右（大班）。跳跃预备时能自然屈膝，双臂后摆；起跳时双腿同时蹬伸跳起，两臂自然摆动，两脚同时落地，注意屈膝缓冲，身体稳定；能掌握跨跳、单双脚连续跳动作，动作协调。立定跳远起跳时蹬腿与摆臂协调自然，落地时能主动屈腿全蹲缓冲，蹬摆协调，落地轻稳。

（四）投掷能力

1.幼儿投掷能力的发展与活动内容

可以利用球类器械来发展幼儿的投掷能力（如篮球、排球、垒球、手球、实心球、沙包、自制道具等）。

2.幼儿投掷能力发展的活动方法

滚动：互相滚接皮球。运球：学运球；原地变换形式运球；边走边跑边运；左右手运球等。传接球：两人相距2—4米传接球。挥动：肩上挥臂投物（沙包、垒球等）。抛接：自抛自接高低球；两人相距2—4米抛接球。投掷：投准（篮球投篮、沙包、垒球等）；掷远（沙包、垒球等）。

3.幼儿投掷能力发展指导与评价

首先，投掷活动以上肢练习为主，运动强度不够，可多结合跑跳进行。其次，肩上投掷是大班教学重点，侧重全身动作；小班、中班以练习挥臂动作为重点。然后，注意投掷物和投掷目标能否引起幼儿活动兴趣。最后，重视投掷活动中的安全教育。

（五）平衡能力

1.幼儿平衡能力发展与活动内容

可以设置情景故事，利用宽或窄的平行线、高低平衡木、纸片、纸板、木板、软硬道具、斜坡、高跷等，让幼儿完成各种走、跑、跳、转体、下蹲、站立、协同、对抗等动作或者组合练习，发展幼儿的平衡能力。

2.幼儿平衡能力发展的活动方法

模仿法：模仿所见到的动物动作和其他事物的运动。条件法：设定条件限制，注意用“条件物”激起幼儿兴趣，难度需适宜。配乐练习法：做平衡练习时，可以用配乐或儿歌激发兴趣，发展动作节奏。情景故事：设定故事情节，分配角色扮演，激发幼儿探索活动的兴趣等。

3.幼儿平衡能力发展指导与评价

首先，平衡活动以心理负荷为主，宜安排在情绪稳定、体力充沛之时，避免在疲劳时进行。其次，平衡活动的生理运动量不大，一般要结合跑跳活动。然后，注意平衡器材及活动设计的新颖性。最后，平衡活动中的安全教育和意志品质训练。

（六）钻爬和攀爬

1.幼儿钻爬、攀爬能力发展与活动内容

利用障碍物、垫子、各类攀爬器械发展幼儿的钻爬攀登能力：包括向各个方向（前后左右）的手脚着地爬、手膝着地爬、匍匐前进、滚动、滚翻，在大中型攀登器上上下爬，迅速连续钻过障碍物中的狭小空间，探索各种俯身爬，探索各种侧身或仰面爬等。

2.幼儿钻爬和攀爬能力发展的活动方法

模仿法：模仿所见到的动物动作和其他事物的运动。练习法：通过各种方式的练习激发幼儿兴趣。竞赛法：根据年龄特征，运用竞赛性的钻爬、攀登游戏。探索法：设置障碍或不同空间，引导幼儿探索各种钻爬动作。

（七）幼儿钻爬、攀爬能力发展指导与评价

首先，此类活动对四肢和躯干肌肉负荷较大，重在力量和灵活性的锻炼，宜与跑跳活动结合，避免疲劳。其次，注意场所和器材的安全性，重在指导幼儿观察周围情况和自我控制。然后，做好安全教育和品质训练。最后，做好个别指导工作。

二、幼儿体操

幼儿体操练习是有组织、有结构的成套身体动作练习，一般有儿歌、音乐或节奏伴随。它是一种全身性的系统的身体锻炼活动。幼儿体操活动包括基本体操、队列队形和幼儿团体操。

（一）幼儿基本体操

1.定义

幼儿基本体操是为幼儿选择发展大肌肉群的一些动作编排而成的体操，主要发展肩胛肌、背肌、腹肌、上下肢肌肉等。

2.幼儿基本体操的意义

促进幼儿身体均衡发展，培养良好的身体姿势，增强肌肉、骨骼、韧带和内脏器官的功能。学习不同方位、速度和节奏的各种动作，提高方位感、速度感和韵律感。统一信号和统一动作有助于培养幼儿的组织性和纪律性。

3.幼儿基本体操的种类

（1）徒手操

听教师口令或广播空手进行的体操练习，不需要任何器械，不受场地设备限制，且具有全面锻炼身体的价值。徒手操的操节顺序：上肢运动—扩胸运动—下肢运动—腰部运动—腹背运动—跳跃运动—整理运动。徒手操操节顺序的意义在于：从上肢运动开始，活动量逐步加大，跳跃运动时达到高潮。上肢运动和伸展运动，是人体从静态转到动态的比较理想的习惯动作。每套体操有两次运动高潮：小班进行腹背运动、跳跃运动；中大班进行下肢运动、跳跃运动。

（2）轻器械操

在徒手操的基础上，手上拿一些轻器械做操。常用器械为绳子、哑铃、花环、棍棒、椅子等，能提高练习的兴趣和动作积极性。轻器械操的种类有红旗操、花环操、哑铃操、棍棒操、铃鼓操、球操、纱巾操等。

4.各年龄段幼儿基本体操内容安排

各年龄段幼儿基本体操内容安排如表3-1所示。

表3-1 各年龄段幼儿体操内容安排表

班型	特点(难易度)	内容
小班	以模仿操为主，辅以徒手操，每套操4—6节，每节一四拍或二八拍	动物模仿操、游戏模仿操、徒手操、模仿操等
中班	以徒手操为主，辅以模仿操，轻器械操，每套操6—7节，每节二八拍	徒手操、拍手操、手铃操、劳动模仿操、“可乐罐”操等
大班	以轻器械操为主，辅以模仿操，徒手操，每套操7—8节，每节四八拍	球操、棒操、运动模仿操、韵律操、健美操等

5.幼儿基本体操活动的指导

首先，教师在内容选择上要切合幼儿年龄特征：小班重点是模仿操；中班和大班以徒手操为主，可选学轻器械操一至两套。其次，教师准备活动时要侧重清扫操场、检查必需的器械和物品、检查幼儿的衣物和鞋带。然后，教师在活动中要注意组织幼儿站在背光、背风处；示范应正确优美，面向所有幼儿；所选音乐要轻快活泼；注意讲解示范的完整性，保持做操的连贯性。最后教师要简要做出评价，并提出要求。

（二）队列队形

1.队列队形的定义与作用

队列队形是三人以上的幼儿集体按照一定的规范，听从统一的信号，进行协调一致的动作的练习。包括口令、原地队列变换、行进间队列与队形变换和图形行进与变换。

（1）队列练习及内容

队列练习是幼儿按照一定队形做协调一致的动作。

按照原地与运动区划分，队列练习可以分为原地队列练习和行进间队列练习（立正、稍息、看齐、立定、跑步走、齐步走、向左右转、集合、解散）。按照横纵划分，队列练习可以分为纵队及横队（排一路、二路纵队；排一列、二列、四列横队）。按照其他规则进行划分（站成半圆形或圆形，站成八字形）。

（2）队形练习及内容

在队列练习的基础上做各种队形和图形的变化。一个跟着一个走成圆形；一列横队走切段分队；一路纵队走成两路纵队，再走成四路纵队；由一个圆圈走成两个或多个圆圈；听口令还原成原队形。这样可以保证体育教学的顺利进行，提高课的密度和运动量，而且可以调动学生学习的积极性，创造良好的课堂气氛，提高学生的组织性、纪律性，增强学生的集体荣誉感。

2.队列队形的指导要点

首先，教师位置适当，示范时精神饱满、姿势规范。其次，口令运用合理，注意预令和动令的运用节奏。可以适当使用形象化语言。然后，利用标志物帮助幼儿学习队形变化。最后，灵活设计教学形式，激发幼儿兴趣。

3.基本内容

队列队形的基本内容见表3-2。

表3-2　队列队形基本内容

序号	队列队形	内容
1	原地	立正、稍息、看齐、报数、集合、解散、原地间转法
2	行进和停止	齐步和立定、正步和立定、跑步和立定、踏步、前进和立定
3	队列队形变换	一二列（路）互变、一列横队变圆形队伍（单圆队形、双圆队形、四圆队形等）、四列横（纵）队变圆形队伍等
4	行进间图形行进与变化	直线性变换：行进间分队走一二列（路）互变、分队走、并队走、合队走、列队走弧形圆形变换："8"字形行进、螺旋形行进

4.幼儿排队和变换队形的特点

小班幼儿不习惯集体生活，不懂得听口令做动作，不会排队、分不清左右，都愿意站在前边当排头或站在老师身边，更不理解队形变换。经过训练，到小班后期，幼儿能够听口令做一些简单的动作，能由一路纵队走成圆形队。

中班幼儿已习惯于集体生活，控制行动的能力有所提高，能够听口令做一些简单、基本的动作，开始会分辨左右，但还不准确。

大班幼儿在集体活动中已开始形成集体观念，基本活动能力大大提高。由于空间知觉加强，他们已能初步分清左右，并能掌握一些较复杂的队形变换的基本动作。

（三）幼儿团体操

1.幼儿团体操的定义

幼儿团体操是一项体育与艺术高度结合的综合性集体表演项目，深受广大群众的欢迎。它是幼儿体操的一个分支，有其突出的健身、健美、健心和娱乐价值。幼儿团体操是以基本体操为主体，融体育、舞蹈、音乐、美术为一体的具有综合艺术功能的幼儿体育表演项目，其活动规模可大可小，形式变化多样。无论在广场、体育场、体育馆、幼儿园或小操场，幼儿团体操的表演均可以通过动作、队形的变化，服装、道具等艺术装饰来进行，音乐则以明快的节奏、优美的旋律展示其独特的艺术魅力和热烈气氛。

2.幼儿团体操的意义

幼儿团体操充分反映了幼儿天真、活泼、生机勃勃的心理特点。通过幼儿团体操的练习和表演，可以培养幼儿正确的身体姿势，促进幼儿身体正常发育和机能的协调发展，增强幼儿对外界环境的适应力和对疾病的抵抗力，培养幼儿参与的兴趣和积极参加体育锻炼的习惯。同时掌握简单的基本体操动作，可发展幼儿的空间方位感和知觉，增强节奏感以及肌肉控制能力，对提升幼儿的想象力、形象记忆力、模仿能力、美感都大有益处。更为重要的是，对幼儿形成主动、乐观、合作的态度，以及活泼开朗、勇敢进取、不怕困难、抗挫折的意志品质效果明显。

3.幼儿团体操的设计

（1）明确幼儿团体操的主题思想

团体操的主题思想贯穿团体操表演的始终，一场好的团体操表演首先要明确其主题，而如何选择一个合适的主题，是团体操编排需要考虑的首要问题：主题要符合表演的宗旨；主题的确立受我国政治因素的影响；主题的确立受城市文化和幼儿园文化的影响。

（2）明确风格和规模

整个过程要围绕团体操的主题进行创编。此外，场地的大小和参加表演的幼儿数量都是影响团体操队形编排的重要因素。

（3）队形设计的要求

队形设计的要求：布局平衡；整个过渡合理；队形变化要快速、有规律；移动路线尽可能短，力求变化效果明显。

三、幼儿球类运动

幼儿篮球、足球教学活动属于有氧活动，幼儿经过适当的运动刺激，心血管、肺部、血液和肌肉的机能会逐渐得到改善，促进身体的正常发育，达到增强体质的目的。实践证明，有效的球类训练能够提高儿童心理素质，有利于心理健康。

（一）幼儿篮球运动

1.幼儿篮球活动的特点

篮球活动与游戏相结合，符合3—6岁幼儿生理、心理特点，它具有简单方便、集体性和对抗性等特点，表现出的趣味性和多功能性，深受幼儿喜爱，能有效促进《3—6岁儿童学习与发展指南》中健康领域动作发展的目标的实现，让幼儿手的动作灵活协调。幼儿通过篮球活动，能熟练地掌握运球、传球、投球等基本动作，在篮球运动中发展奔跑、跳跃、灵敏反应、身体协调等能力，为今后的球类技术打下基础，为终身体育运动做好保障。篮球活动还可以培养幼儿不怕困难、勇于挑战的良好品质，有利于建立和谐的人际关系，增强自我、群体和社会责任感。

2.篮球活动介绍

（1）滚球活动

滚球方法。按身体状态可分为原地（坐、站、蹲等）、行进间滚球，按接触方式可分为双手、右手、左手、交替滚球等，还可根据行进方式、坐蹲位置、人数多少都可以产生不同的滚球游戏。

双人双手对滚球——看谁滚得准。两人一组，相对蹲下，其中一人双手扶球后半部，两手臂同时用力向前推球，将球滚动到对方面前，对面的幼儿以同样的方法滚动球，反复进行。

滚球击准游戏——炸碉堡。画一个同心圆，内圈放若干个塑料瓶。请5—6名幼儿站在内圈外当防守人，负责拦截滚进的球，防止瓶子被击倒。其他幼儿站在圈外，用滚球的方法把圈内的瓶子击倒，当所有瓶子被击倒后即为胜利，反复交换角色2—3次。

规则：滚球者不准进入圈内；瓶子被击倒后不得扶起；防守队员不能把球留在圈内。

（2）传、接球活动

传球时，两脚前后或左右开立，双手五指张开持球左右两半部，蹬地、展体、伸臂、扣腕，手腕急促地由下而上，由内向外翻，同时拇指下压，中、食指用力拨球。接球时，两臂向来球方向自然迎出，肘关节微屈，手指自然分开，两拇指在胸前成“八”字形，双手接球后要注意后引缓冲，置球于胸腹间。

（3）抛、接球活动

自抛自接球。双脚平行，脚尖向前，膝关节微屈，身体微屈，重心在前脚掌。五指张开掌心向上，托球底部，手臂自然微屈，脚部蹬地发力，带动上肢将球垂直向上抛出。双人抛接球：两人拉开距离，抛球者要注意力度与高度，接球者双手提前准备好，随时等待接球，来回抛与接。

（4）夹球活动

夹球方法。两人一组，面对面或背靠背站立，将球放在两人胸前或背后夹紧，手不能扶球。然后步伐一致向某一方向侧滑步行进，尽量不要让球掉下来。

夹球游戏。游戏方法：两人一组夹球，侧立于起跑线后。教师发出口令后出发，到达目的地后，将球放入指定的筐中，即为胜利。

规则如下：手不能触球；如果球掉下来应及时拾起，再返回起跑线重新开始游戏。

（5）运球活动

原地运球。两脚开立，两腿弯曲，上体前倾，以肘关节为轴，肩上下屈伸，五指自然分开用指腹触球（手心空出）。当手触球时，小臂和手腕有随球向上缓冲的“粘球”动作，大臂上提后小臂下伸，手腕用按压的力量，将球推向地面。

行进间运球。向前运球时，按拍球的后上方，同时后脚蹬地运球行进，球的落点在同侧脚的前侧方。走和跑动的步伐要与球弹起的节奏协调一致。手和臂的动作与原地运球相同。

（6）投篮活动

学习原地双手胸前投篮、原地跳投的投篮方法，提高投篮的准确性与命中率，发展手眼协调能力。

（二）幼儿足球运动

1. 幼儿足球运动的特点

幼儿的学习过程具有明显的具体性、形象性、随意性和情绪性等特点，单调、乏味、机械的练习活动容易让幼儿产生疲劳、厌恶的情绪，他们喜欢参加游戏，乐于在游戏中接受学习内容。因此，在幼儿足球活动中，我们可以从激发兴趣着手，寓足球活动于幼儿游戏之中。

2. 足球游戏介绍

（1）踢网足球

幼儿一手提着装有足球的网袋，一脚支撑地面，以另一脚踢网袋中的足球，反复进行。提示：踢球的接触点可以在脚内侧、脚外侧、脚背，反复换支撑脚。

（2）踢带绳的球（小班、中班）

将小皮球或小足球放在网兜里，全体幼儿站成圆形队，每人提一球，做好踢球准备。当教师发令后，幼儿开始用单脚内侧（或双脚交替）做踢球练习。在规定时间内踢球次数多者胜。练习可分队比赛，即每队第一人做原地踢球，失误者立即停止，由第二人接着比赛。最后以全队累计踢球次数多的队为胜。

（3）夹球接力跑（中班、大班）

游戏幼儿分成两队，用膝关节处夹着球跳着跑，如果用手抱球或球落地都为犯规，要返回起点重跑。为了夹球方便，不建议使用较大的球。

（4）踢挂球

将网足球挂于一定的高度。幼儿支持脚踏在球的侧方约10—15厘米处，踢球腿向后摆起，膝弯曲，小腿前摆，以脚背正面或脚内外侧击球。

（5）踢球比远

先在地上画一条踢球线，向前8米处再画一条横线，然后每隔2米画格，共画5个，由近而远编上号码1、2、3、4、5。幼儿手持球抛起后，用力向前踢空中球，球踢出后落到几号区，即得几分。踢球方法可以任意选择；画线距离视幼儿实际情况而定。

（6）踢标靶

在墙上画一个最小直径为30厘米的多层同心圆，在离墙3米、4米、5米的地上分别画踢球线。幼儿将定位球踢向标靶。在掌握踢定位球的基础上，可以助跑几步行进踢球。

（7）拖球

幼儿一脚支撑地面，另一脚靠在球的一侧，轻拖球使球慢慢向左、向右移动30—40厘米，两脚轮流反复进行。在掌握左右拖球的基础上，也可做前后转身换脚推球。方法是：右脚后拖，右转身；左脚后拖，左转身。

（8）推球

幼儿一脚支撑地面，另一脚踏在球上，用触球脚边向前（或向后）推动球，两脚交替进行，向前（或向后）行进。

（9）颠球

幼儿一脚支撑地面，另一脚脚背绷直，然后用脚背连续颠球，不使球落地，看看谁的次数多。初学时，幼儿可颠落地后的反弹球。

（10）运球绕小树

在场地上每隔2米放置一棵玩具小树，放置若干棵。幼儿上体稍前倾，两臂自然摆动，运球时绕过一棵棵玩具小树。

（11）踢过拱形门

在场地上用积木搭成拱形门。幼儿甲从拱形门的一端踢定位球，使足球在拱形门内通过，幼儿乙在拱形门的另一端接住球，然后带球，两人交换位置，如此反复进行。

（12）定点射门

距球门4米处，幼儿定点踢球射门，每踢进一球得1分，看谁得分多。在定点传球的基础上，可进行行进间传接球。

（13）正面传球

甲、乙两幼儿面对面站立，幼儿甲将球踢给幼儿乙，然后幼儿乙踢还给幼儿甲，反复进行。在定点传球的基础上，可进行行进间传接球。

（14）头顶球

幼儿正对来球，两脚前后开立，上体后仰，注视来球。教师（或同伴）在对面抛球，当球运行到幼儿头前时，幼儿用力蹬地收腹，用前额触球，并快速甩头将球顶出。

四、幼儿民间传统体育活动

我国各民族世代相传、具有一定体育内涵与外延的传统文化。我国各族人民在长期的生产和生活实践中积累起来的传统体育文化是中国传统文化的重要组成部分，其形式丰富多彩，内容博大精深，涉及养生、健身、竞技、搏击、休闲、娱乐等方面，是祖国重要的、宝贵的文化遗产。

在坚定文化自信的大背景下，在西方文化强势入侵的现实环境下，传统文化进入少儿教育阵地具有非常强的紧迫性与必要性。加强少儿传统文化教育，对于落实“从娃娃抓起”的国家战略，引导子孙后代全面准确地认识中华民族的历史和文化积淀，将中华民族之魂植入其幼小的心灵，实现中华民族伟大复兴的中国梦，具有重大的现实意义和深远的历史意义。

（一）民间传统体育的概念

民间传统体育是指我国历史上由一个或多个民族内流传或被继承的体育活动。主要是指我国各民族传统的健身、习武和娱乐活动项目。

（二）民间传统体育的含义

民间传统体育包含三层意思：一是体育的，二是民族的，三是传统的。所谓体育的，是指这类活动项目具有体育的特性，是人类有目的、有计划地按照一定的规则锻炼自己的身体，使自己身体的各个部分得到平衡协调的发展。

所谓民族的，是指民间传统体育活动是由各民族的传统体育活动构成的。这种民族性主要表现在它的民族文化底蕴上，反映在：它的活动或运动项目来自特定的民族，反映了该民族的文化传统和民俗习惯，为该民族广大民众所喜爱，在该民族地域有着深厚的群众基础。

所谓传统的，就是这类体育项目具有历史继承性，是代代相传的。这类体育项目都是在特定的民族文化背景下，在一定历史阶段产生的，并在历史发展过程中去其糟粕，保留其精华，逐步发展成熟起来的，具有该民族的民族气派和民族风格，是民族传统文化的重要组成部分。

（三）幼儿民间传统体育活动

1.幼儿武术

（1）幼儿武术的概念

武术进入幼儿园时间不长，目前的幼儿武术还处于起步阶段，还没有一套规范的、符合幼儿身心发展特点的武术教材，所以在设置教学目标时存在着许多随意性。因此，幼儿园武术活动要突出游戏性、科学性和可接受性。

（2）幼儿武术活动的特点

首先，活动形式多样化。幼儿武术教育活动有武术操、武术课、武术兴趣班等多种形式。其次，活动过程游戏化。游戏是实施幼儿园课程最主要的方式，采用游戏的语言，通过游戏的方式来学习武术的专业动作和技能是非常必要的。有时需要将武术的动作要求变为游戏来学习。最后，安排要科学化。幼儿模仿武术动作时往往过分用力，但动作的控制能力较差，内力的运用较困难，要安排适量的运动，注意动静交替，提醒幼儿学用内力，避免猛劲、过快用力等动作。

（3）幼儿园武术教育活动内容

①幼儿武术操。②基本步型步法、手型手法的组合练习。③游戏性模仿练习。

2.幼儿民间传统体育游戏

（1）幼儿民间传统体育游戏的意义与分类

幼儿民间传统体育游戏是游戏中的一个重要组成部分，其来源于民间，是广大劳动人民智慧的结晶，具有独特的民族特色。传统体育游戏以其丰富的种类、灵活多样的玩法、贴近生活等特点深受幼儿喜爱。而在游戏的过程中，幼儿不仅增强了体质，愉悦了心情，增强了同伴交往能力，还能接受传统文化的熏陶并感受其魅力。幼儿民间传统体育游戏可分为走跑类、跳跃类、投掷类、对抗类、负重类、娱乐表演类、杂艺助兴类、集中注意力类、放松类、室内类等十类，如“老鹰抓小鸡”为走跑类游戏，而“跳皮筋”“跳房子”则属于典型的跳跃类游戏。

（2）幼儿民间传统体育游戏的目标

在幼儿民间传统体育游戏的实施过程中，应严格遵守传统体育游戏的总目标。

情感目标：调动幼儿参加民间传统体育游戏的积极性、主动性，使幼儿在游戏之中体验快乐、成功和自信，并感受到传统文化的熏陶。培养幼儿勇敢、顽强、不怕困难的精神。促使幼儿学会鼓励他人，培养合作精神，建立良好的同伴关系。

认知目标：提高幼儿对民间体育游戏的参与度，养成锻炼身体的习惯。幼儿能够严格遵守规则，从日常小事做起。

能力目标：提高幼儿基本动作水平，增强幼儿体质，促进身体各方面的正常发育。具有一定的平衡能力，动作协调、灵敏。具有一定的力量和耐力，手的动作灵活协调。

第四节　幼儿体育活动的组织形式

幼儿体育活动的组织形式是实现幼儿体育目标的基本途径，它包括早操、户外体育活动、室内体育活动、远足、体育课、幼儿体育运动会等。各种组织形式都具有自身的价值和特点，同时又带有一定的局限性，因此，在实际运用中要统筹安排、分工合作，形成各自特点，形成合力，共同完成幼儿体育教育目标。

一、早操

幼儿早操是指幼儿在音乐、儿歌或者节奏的伴奏下，有组织地在晨间进行成套的身体动作练习，是一种全身性的系统身体锻炼活动，也是幼儿体育活动的主要内容和组织形式。它对锻炼幼儿身体、增强幼儿体质、促进幼儿身心和谐发展有着独特的作用。

（一）早操的目的、结构

1.早操的目的

（1）让幼儿精神饱满，情绪愉快

早操一般是幼儿起床、洗漱、早餐前开始的第一项活动。在早操活动中，幼儿伴随着明快而熟悉的音乐，活泼、愉快、轻松地做着各种身体动作，这能使神经系统彻底消除睡眠产生的抑制状态，激发和恢复机体主要器官系统的机能和工作能力，提高整个机体的活动能力，使其逐步进入良好的工作状态，从而使幼儿能精神饱满、体力充沛、情绪愉快地开始一日的生活。

（2）能培养幼儿良好的体育锻炼习惯和态度

早操是幼儿进入幼儿园后，每天都定时、定点开展的一项体育活动。数年如一日地开展早操活动，能使幼儿从小养成锻炼身体的良好习惯，并使幼儿通过早操活动，逐渐体验和认识到体育锻炼是一日生活中不可缺少的内容，为他们以后进行体育活动打下良好的基础。早操活动还能培养幼儿参加体育锻炼的良好态度。幼儿在参加早操活动过程中，要每天坚持不懈地服从集体，认真、积极地锻炼身体，并克服各种困难，如夏天不怕炎热、冬天不怕寒冷等。这些锻炼身体的良好状态及习惯的形成，将使他们终身受益。

（3）提高适应力，抵抗疾病

早操一般是在早晨7:30—8:30，在户外进行的一项体育活动。此时的早晨，气温相对白天其他时间低，空气相对凉爽和清新，这段时间坚持进行早操等体育活动，不仅能有效地提高幼儿适应低温空气的刺激的能力，而且在较寒冷气温中锻炼，还能增强幼儿抗寒的能力，减少呼吸道疾病的发生，预防感冒，提高幼儿抵抗疾病的能力。

（4）强身健体，促进发育

通过早操中的幼儿体操、走跑交替等内容的锻炼，还能促进幼儿良好身体形态的形成和身体的正常生长发育，增强幼儿各器官系统的功能，使其动作发展得更协调、更敏捷。

2. 早操的结构

为避免因单纯动作练习而造成早操生硬、呆板和枯燥的弊端，幼儿的早操活动应包括热身运动、队列练习、操节运动、体能运动和放松运动等内容。

（1）热身运动

热身运动是早操的起始环节，目的在于组织和集中幼儿的注意力，让他们尽快进入自己扮演的角色，诱发幼儿身体各器官的机能由较安静状态进入活动状态，为做操和其他身体锻炼活动的开展做好准备，达到热身的目的。因此，热身运动可以让幼儿在音乐的伴奏下，做各种模仿动作或跳一些轻快而简单的舞蹈，也可以做一些走、跑、跳等基本动作练习。在基本动作练习中，教师可以根据幼儿各阶段的动作发展目标，把要求他们掌握的一些最基本的动作，在早操中进行自然地渗透，让幼儿在优美音乐的伴奏下进行练习，培养动作练习的兴趣。基本动作练习可分为无器械与带器械的动作练习两类。无器械的动作练习是指不借助器械，直接利用幼儿的身体进行动作练习，如单脚站立、自转、直线两侧行进跳等；带器械动作练习是指借助一定的器械，让幼儿运用器械练习动作。值得一提的是，带器械动作的练习应该选择轻且易于搬动的器械，如铁圈、塑料圈、球拍、花、手绢等，所选用的器械也可以在同一年龄段的几个平行班之间进行轮换式的调整。

（2）队列练习

队列练习是热身运动的延续，为早操活动做好充分的准备。在早操活动中进行简单的队列练习是非常有效且可行的。通过队列变化训练，可帮助幼儿在团体中认识自身与团体的关系，发展他们理解指令的能力，也是增进幼儿的团体意识、培养团队合作精神、形成秩序感的重要途径。队列练习应根据各年龄班幼儿动作发展的不同，在早操中安排不同内容的队列练习。如小班主要是练习一个跟着一个走；中班可以进行简单的队形变换，如切段分队、从纵队变为走圆圈等，还有立正、看齐、原地踏步、齐步走等；大班则可以练习左右分队、并队走以及原地向左、向右转等动作。

（3）操节运动

操节运动是整套早操的核心部分，不仅能达到唤醒幼儿身体机能的目的，还能通过一定的运动量，使他们在每日的早操中逐步实现运动能力与体能的不断提高。因此，操节运动应该让幼儿在音乐伴奏下做各种基本体操（徒手操和轻器械操），系统地锻炼全身大肌肉。操节运动一般包括上肢运动、下蹲运动、体侧运动、体转运动、腹背运动、跳跃运动，每一操节的动作为四个八拍。不同的年龄班又有一定的差别：小班可挑选其中的4—5节，中班可以增加扩胸运动，大班则可以增加体侧运动、全身运动等。但这些内容的编排也不是绝对的，主要根据本园、本地幼儿的实际情况有所不同。同一年龄班的不同时期也应有所不同。例如，刚进入大班时，可先增加体侧运动，等到大班下学期，再适当增加全身运动等难度较大的动作。值得注意的是，不管操节内容因地、因人有何不同，都应遵循编排的原则，即从上肢到下肢再到全身的动作，从运动量小的动作过渡到运动量大的动作，从幅度小的动作过渡到幅度大的动作等。

（4）体能运动

体能运动是操节运动的补充，目的是让幼儿在音乐伴奏下，利用身体或器材练习走、跑、平衡、跳和钻等动作，发展幼儿基本动作的协调性、平衡性和运动能力，达到一定的运动量，提高幼儿的体能。由于幼儿对游戏的兴趣远远超过其他活动，利用游戏活动有利于激发他们对早操活动的兴趣，提高他们参与活动的积极性，增强早操的锻炼价值。因此，早操中的体能运动一般都采用密度大、时间短、器械少、动作简单、角色少、运动量大、运动频率高、趣味性强的体育活动，或是一些运动量大、情节简单的音乐游戏。为了增加游戏的趣味性和互动性，往往需要借助一定的器械或道具。如“天线宝宝去避雨”，让幼儿扮演天线宝宝，听到打雷、下雨的音乐时，就跑到大雨伞下去避雨，听到放晴的音乐就从大雨伞下钻出。大雨伞有一定的隐蔽性，能够很好地满足幼儿在游戏中躲藏的需要，增加游戏的趣味性，让他们愿意积极地参与到游戏中来。

（5）放松运动

放松运动是早操的结束部分，目的在于让幼儿以良好的身体状况与精神面貌，开始一天的幼儿园生活；反之，如果早操的放松阶段没有做好，可能使幼儿产生疲劳或亢奋，影响接下来的其他教学活动。同时，适当地放松才能调节运动量高峰前后的运动负荷差，使运动量起伏得当。放松运动一般通过组织一些平静的身体活动或者一些轻快的律动、歌唱表演和舞蹈，让学前幼儿在愉快、轻松的气氛中逐渐放松，使身体机能由较兴奋状态逐步转入安静状态。应该明确的是，早操中的律动、歌唱表演和舞蹈应体现体育的特征，具有趣味性，能够激发学前幼儿的兴趣，为学前幼儿的动作发展服务，在编排中应避免过多的舞蹈表演，以免削弱体育活动的运动量。

（二）幼儿早操活动的设计与编排

1.幼儿早操活动编排应关注的问题

幼儿早操的编排除了应该体现简单易学、活泼可爱、协调优美、节奏鲜明的特点之外，还应该根据幼儿身心发展的特点和人体运动学原理，在编排中关注以下几方面的问题：

（1）内容编排的全面均衡

早操活动对于幼儿的全面发展有两层含义：一是指早操应该促进幼儿身心全面发展，即所编排的早操不仅要促进幼儿身体的健康发展，而且要促进他们心理的健康发展；不仅要增强幼儿的体质，而且要促进他们在认知、情感、态度、社会性方面的健康发展。二是指在早操中要尽量保证幼儿身体锻炼的全面性。幼儿身体各器官、各系统还处在发育阶段，功能尚不完整，在早操活动中，只注重某部分的练习而忽略其他部分的锻炼是不科学的。因此，在选择早操动作时要综合、均衡地编排头、颈、上肢、下肢、腰、背、腹部及全身的练习，每个部位的动作要尽可能全面而对称，做到动静交替、大肌肉活动与小肌肉活动交替。例如，在动作练习、队列变化环节，除了编排头颈活动、上肢运动、扩胸运动、下肢运动等涉及全身肌肉运动的大动作外，还要增加一些包括手部和脚部等的精细动作，如双手抱拳转动、拍手或手指的伸缩、用脚尖跳动和脚尖戳地等，使全身各部位的肌肉、关节、韧带以及内脏器官和系统得到充分、全面、均衡发展，避免动作编排的片面性和不均衡性。

（2）考虑幼儿的年龄特点

由于不同年龄班儿童运动能力存在着一定的差异，在编排早操活动时有不同的要求。小班的早操宜简单、易学和富有趣味性，能边念儿歌边听音乐做模仿操或徒手操；中班幼儿已经具备一定的运动能力和自我控制能力，要求他们能随音乐节奏较准确地做徒手操和轻器械操，做到动作有力与整齐；大班幼儿要求能随音乐节奏有精神地做徒手操和轻器械操，动作有力、到位，整体效果统一、规范。因此，在编排不同年龄班早操时，应该在动作类型、节数、拍数、时间、运动量、节奏等方面有所不同。具体详见表3-3。

表3-3　各年龄班幼儿早操编排对比

年龄班	早操类型	动作难度	内容	操节呼数	节奏	运动负荷量	时间
小班	以模仿操为主，可以做简单的徒手操	动作简单，变化小，以对称动作为主	每套操安排6—7个内容	2×8呼，或者按儿歌、歌曲的内容	较慢，变化小	一般，130—140次/分	8—9分钟
中班	以徒手操为主，可以做简单的轻器械操	动作有一定的难度和变化	每套操安排7—8个内容	2×8呼	有快有慢，有一定的变化	增大，135—145次/分	9—10分钟

续表

年龄班	早操类型	动作难度	内容	操节呼数	节奏	运动负荷量	时间
大班	以轻器械操为主，徒手操一般采用韵律操、健美操、武术操	动作难度较大，变化较多	每套操安排8—9个内容	4×8呼	有快有慢，变化较多	较大，140—150次/分	11—12分钟

（3）注重幼儿的兴趣需要

运动心理学和活动理论表明：幼儿的运动兴趣和动机主要是由动作、器械等认知和操作对象引起的，而不是由活动的发展性结果引起的，如果这些对象对他们来说缺乏认知吸引力，就不可能引起他们的兴趣和动机，活动起来也就没有内驱力，自然也就不会主动、认真地去做。因此，所编的早操应该从内容、动作、器械等方面体现出趣味性，进而激发幼儿的兴趣。从内容上看，幼儿年龄小，对游戏活动非常感兴趣，我们可以在早操中设计生动有趣的游戏内容，以游戏活动贯穿始终，让幼儿在游戏过程中发展各种基本动作。如游戏“捕鱼”，幼儿分别扮演“小鱼”和“渔网”，音乐响起，“小鱼”随音乐自由、分散地在渔网下游来游去，当音乐唱到“快快抓住”时，扮演“渔网”的幼儿迅速蹲下，用手套住“小鱼”，“小鱼”在这个过程中要迅速躲开，以免被抓住。从动作上看，幼儿模仿性强，喜欢形象的动作，所以在动作设计时要尽可能编排一些幼儿熟悉的、互动性强的形象动作。如歌曲表演“碰一碰”，幼儿根据音乐节奏任意找一个朋友自由地做一些拍手、碰鼻尖、碰碰脚、碰碰背等碰撞对方身体的动作，以此增强同伴之间的感情。从器械上看，器械的声响能够激发幼儿的兴趣，因此，可以在器械上适当绑上铃铛，装上豆子、米粒，或者编排击打器械的动作，增加动作的趣味性，通过器械发出的声响来提高幼儿对早操活动的兴趣，同时也提高动作的准确性。

2. 早操活动的主题内容

早操内容的选择应该根据幼儿的年龄特点、生活经验、兴趣爱好而定，体现内容的多方整合，才能促进幼儿的整体发展。只有把早操中的每一个内容作为一个整体有机地联系起来，从根本上激活幼儿的已有经验，并使幼儿与已有的经验建立联系，才能引起他们的运动兴趣。因此，早操几个环节的内容应该以一定的主题来呈现，内容应贴近幼儿的生活，从幼儿关注和感兴趣的生活经验和时事背景入手，寻找切入点。如小班幼儿非常喜欢动画片《喜羊羊与灰太狼》，可用其主题进行编排；中班幼儿对交通警察的工作非常感兴趣，可用“小司机”为主题进行编排；大班幼儿可用“喜迎奥运”的主题进行编排。同时，早操活动的主题内容可以与本学期预定的主题结合起来，把早操活动作为幼儿主题探究的重要载体，让他们在早操活动中完成部分主题目标。

3. 早操活动的运动负荷

在编排早操活动的内容时，应合理安排和注意调节幼儿运动时身体和心理所承受的负荷量，应注意做到如下几个方面：

第一，要根据身体锻炼的内容、运动项目的特点及幼儿的年龄差异，合理地确定早操的运动负荷量。包括练习的距离、次数和间隔的频率，持续活动的时间，练习的密度，活动的强度等。要求做到“密度高、强度低、时间短、节奏强”。

第二，身体活动的运动量应注意由小到大逐步上升，并在结束前逐步下降。

幼儿早操各环节运动负荷量的曲线变化必须遵循“曲线上升—波形进展—曲线下降”的一般规律。在具体编排时可以这样做：早操活动一开始安排一些活动量小的活动和项目，这样既可以克服身体器官系统的惰性，提高活动能力，又可避免因活动量过大而过早地导致幼儿身体疲劳；早操的中间部分安排一些运动难度和强度较大的练习，使活动量增加，并出现适宜的运动负荷高峰；在结束部分安排一些活动量较小的活动，或做一些模仿性动作和有利于肢体放松的体操、律动、简单的舞蹈，使运动量逐步下降。这样才能体现早操的科学性，达到预定的锻炼目的。

4.幼儿早操活动编排的步骤与要领

为了更好地体现幼儿在早操中的主体性地位，教师要尽可能针对幼儿生活经验、兴趣爱好，与幼儿共同确定一定的主题内容为早操的支架，同时整合各种教育资源，围绕音乐的选取、器械的制作、动作的编排、游戏形式和规则的制定等内容，与幼儿进行积极的互动，共同形成早操的初步方案，并在不断地调整中逐步完善。

（1）编排内容

一套操由哪些内容构成，每个内容又安排在整套操的什么环节，这些都要根据运动曲线规律来编排。低强度的内容可安排在第一、第二环节和结束处，以及波形进展中的低谷处；高强度的内容则在中间和后半段，以及曲线的高峰部分。根据这些内容的不同特点，分别将它们编排在早操的不同环节。当幼儿基本掌握动作要求后，采用心率测量法，对整套操的运动负荷情况进行测试，并将测试结果与“幼儿早操运动负荷曲线规律”进行对比和分析，进而从内容、动作等方面进行调节。

如果运动负荷量太低，就要增加运动的强度和密度；反之，就要降低运动的强度和密度，使早操活动的整个进程符合运动量变换的曲线规律。

另外，还应该根据早操的主题，选择和确定各环节的内容，并在编排时尽可能地与幼儿进行互动，将无具体意义或不易理解、表现的内容为有一定思想、易表现的内容，让幼儿主动参与其中，了解早操各内容的意义。如小班主题操“我爱我家”，第一环节选择了歌唱表演“扮家家”，幼儿通过扮演爸爸、妈妈，模仿他们洗菜、切菜、炒菜、端菜等熟悉的生活内容，在早操活动中找到“家”的安全感和亲切感。这样的内容能够与幼儿的生活、学习联系起来，调动他们参与早操活动的积极性和主动性。

（2）设计动作

动作的设计要从幼儿的实际需要出发，做到简单、大方、优美、轻快、容易到位、富有模仿性和表现力，具有一定的强度，符合各类操的特点。动作可以让幼儿进行部分创编，再由成人进行综合与提升，切忌从成人的角度去设计幼儿早操的动作。同时，要注意动作编排的合理顺序，一般要按照从上到下、从四肢到躯干、从局部到全身、从简单到复杂、从容易到困难的顺序来编排。

操节运动主要是在音乐伴奏下做各类基本体操（模仿操、徒手操、轻器械操等），重点在于引导幼儿在肢体活动的基础上创造性地再现生活中喜爱的人、事、物，使操节活动具有新的生命力。在设计操节动作时，要准确把握好动作设计的步骤和要领。

第一，合理确定操节的节数、内容、顺序及每节的组合数。

第二，设计好操节主要动作的性质、幅度、方位、路线、速度和数量。一节操应保证主要动作的次数，协同和支撑动作应有利于加大动作的幅度和力度，提高锻炼效果。就幼儿而言，操节应以屈、伸、举、踢、转和模仿性动作为主，逐步增加绕、绕环、振、单脚支撑等动作。编操时应强调身体姿势的准确、自然、协调，以大肌肉群活动为主，注意选编能有效促进胸廓和脊柱发育，形成正确身体姿势的动作。动作方向应以前、上、侧方向为主，逐步增加其他方向的动作。动作的幅度不宜太大，以身体平衡、自然协调为宜。运动的路线变化不宜过多，并注意动作的对称性。

注意增强肌肉的弹性。因此，操节运动应预先拉长用力肌群再用力收缩，多设计一些弹性屈伸和下肢弹动动作。值得一提的是，在早操动作的编排上要避免过于舞蹈化。早操活动的主要目的是提升幼儿的体能和运动能力以及发展幼儿动作的协调性，需要达到一定的运动量，无论是模仿动作还是拓展动作，均应该有一定的运动强度。而舞蹈相对来说比较柔美与舒展，在运动量和运动强度上无法达到提高幼儿体能的效果，因此，舞蹈动作适合编排在早操的放松环节，而在其他环节都应该编排一些动作密度高的动作。

（3）选择音乐

幼儿早操是一个整体活动，音乐在这个活动中起着穿针引线的作用。把与早操内容相吻合的音乐串联在一起，能描绘出特定的情景，赋予原本单调、机械的动作训练以思维意境。不仅能有效地增加节奏感、韵律感、表现力和想象力，而且能给幼儿无限的想象空间，让他们在自己想象的情境中体验艺术美与形体美带来的愉悦感，激发他们参与早操的热情，加快掌握体操动作的速度。音乐选择的一个技巧是先确定操的动作，再根据动作选择适配的音乐，音乐应配合操而非操配合音乐。一旦早操主题与内容确定后，就应该选择适合早操主题的音乐，通过音乐创设一种运动情境，激发幼儿参与运动的意愿，并在音乐背景中达到愉快运动的目的。因此，早操应选择活泼轻快、节奏鲜明、旋律优美动听的音乐来伴奏，每一个环节的音乐又必须符合该环节的内容、性质和特点。如操节适合选择节奏鲜明、每个乐句为四小节的2/4拍音乐（各年龄班可有所不同），队列练习要选择进行曲风格的音乐，基本动作训练则要选择较为自由、流畅的音乐，放松整理则适合采用舒缓、柔和的摇篮曲风格的音乐。同时，还应根据整套操的主题需要，选择内容一致的音乐。如主题操“喜迎奥运”，可选择《中国足球战歌》《好小子》《奥运圣火》《茉莉花》等具有中国元素的音乐。如果只是将几首好听的音乐简单拼凑在早操的几个环节，就会造成音乐内涵及风格差异大的问题，不能很好地体现各环节之间的有机联系。同时，要注意选择一些简单易学、朗朗上口、贴近幼儿生活的音乐和儿歌。如《天线宝宝》《喜羊羊与灰太狼》等，这些幼儿耳熟能详的动画片音乐，具有动感强、节奏明快、内容诙谐等特点，容易引起他们的共鸣。另外，所选择音乐的音调、配器要相对一致，以免出现不协调现象，让幼儿在早操时得到音乐的熏陶。

（4）准备器械

早操器械的合理使用，能够大大提高幼儿参与早操的兴趣。一般情况下，早操的器械包含基本动作训练的运动器械、游戏用的辅助器械和做操用的手持器械。在确保这些器械安全、美观的前提下，应因陋就简、就地取材，挖掘本土物质资源，搜集无毒无害的废旧物品，引导幼儿共同自制器械，以充分发挥材料的原创功能，促进幼儿的创造力和动手能力。例如，用软水管绕上绿布做成春天的枝条；用小体操圈改装成夏天的水果篮；用废线轴和万通板包上棉布制作葵花；用银纸剪成雪花贴在万通板上，变成冬天的雪花，并在用塑料瓶制作的底座里加入黄豆，增加音效。又如，用竹竿做成跳圈、高跷等；模仿舞龙的动作，可用可乐瓶做“龙”“鲤鱼”等器械玩“鲤鱼跳龙门”的游戏。当幼儿手持自制的器械做操时会倍加开心，也会倍加爱护这些器械。

在这个过程中，所使用的器械应充分体现“低结构”“科学化”“动态性”和“层次性”的特点。

低结构是指所提供的器械必须能够挖掘多种玩法和功能，实现一物多用。例如，用水管做成的“柳条”，放在地上可以跨跳，拉在肩上可以成为“山洞”让他人钻，还可以当成拔河的绳子，圈放在地上可做跳跃的动作练习，套在他人腰间就成为一列“火车”，竖起来又可以钻……这些器械的多种玩法必须由教师在早操中引导幼儿一起去探索和发现。

科学主要是考虑器械是否安全牢固、大小适宜、轻重适度，方便幼儿抓握、做动作，有利于幼儿动作的发展，如绳子、塑料圈、竹竿等。要避免因为使用器材而限制某些动作要素和运动量。同时，可根据幼儿的实际情况，选择或者制作具有一定重量的器械以增加运动量，但要避免因为器械太大、太重而引起幼儿受伤。

动态性体现在变化上，器械投放后不是一成不变的，而是随着幼儿动作的发展进行定期更换或者重组，补充新内容、新玩法，也可以在平行班级之间互相交换，这样才能发挥出器械的最大功效。如塑料圈，一开始可以放在地上跳、滚，随着幼儿对器械的熟悉，可以引导他们将圈套在身上走、竖起来从圈中钻过、从圈上跨跳，还可以引导幼儿探索出其他更丰富的玩法……这样不仅避免了器械单调地重复，也可以充分挖掘器械的多种锻炼价值，实现一物多用。

层次性要求根据能力差异提供不同的器械。如在纵跳摸高动作练习中，把摸高的目标斜放在幼儿前方，形成不同的高度，他们可以根据自己的实际情况选择摸高的物品；在跨跳动作练习时，所投放的跨栏高度不一，以满足幼儿不同的需要。

（5）记写动作

整套操动作的记写应该包括以下内容：早操的名称、每节操的动作名称和呼数、每节操的预备姿势和节拍呼数、动作说明（包括动作要领、要求、图示等）。

（三）幼儿早操活动的组织与指导

早操活动的组织与指导方式应符合幼儿的兴趣和发展需要，有利于师生之间的交往，尽量做到“游戏化”，使其在活动过程中能愉快地体验，愿意积极地参与。

1. 创造早操活动的有利条件

一套早操编排成型后，在组织幼儿进行早操活动前，应该做好一系列准备工作，为早操活动的顺利开展创造条件，确保幼儿在安全有序的环境中进行早操活动。

（1）考察早操活动的场地

早操是在户外场地上开展的活动，场地的安全、班级年龄段间进退场线路的合理安排、不同环节活动范围的设定、器械摆放间距的适宜性等问题都是准备工作的重要内容。由于幼儿动作的准确性和协调性还有待发展，早操活动中的碰撞和摔跤时有发生，因此，幼儿早操活动的场地要以草地、土地、塑胶地为主。条件好的幼儿园可铺设塑胶地，条件差的幼儿园可合理利用园内现有的资源和场地，在全面排除场地的安全隐患的前提下，带领幼儿到自然而又舒适的草地、土地上进行早操活动，不必拘泥于整齐、规则的场地。另外，教师应该根据场地的实际情况，通过观察、讨论和测量，确定适宜的早操进退场路线、活动范围以及器械摆放的位置，调整行距与间距等，确保幼儿早操活动的安全。

（2）准备适宜运动的服饰

在早操活动前，要全面检查幼儿穿戴的服饰是否合适，看看他们的鞋带是否松散、衣衫是否整齐便于运动、是否需要增减衣服等，教师也应该穿上便于运动的服饰和鞋子给幼儿示范，带领幼儿积极地进行早操活动。

2.进行规范、正确的动作指导

早操活动应该以培养幼儿正确的身体姿势为主。教师要以自身规范、准确的动作进行引导，做到动作准、路线清，有一定的幅度，尤其要指导幼儿注意不同动作的用力特点和动作要领。如体侧运动的用力点要在腰部，体转运动只能转动身体，不移动脚的位置，腹背运动时两腿的膝盖不可弯曲等。在指导过程中，往往需要教师通过直观形象的语言进行讲解，配合规范的动作进行示范，同时应该正确地把握讲解与示范的分量，年龄越小，讲解的成分越少，示范的成分越多。随着他们对身体部分的认识以及动作经验的积累，教师才逐步增加讲解的分量，做到精讲多练，给幼儿充分的锻炼时间。同时，教师要加强学习有关幼儿体育活动的理论，掌握他们身心发展的规律，了解各年龄幼儿早操的特点，在早操活动中提出具体、明确的动作要求，运用新颖、多变的指导方法来吸引他们的注意，使他们能主动集中注意力，认真地参与早操活动。

3.采用灵活多样的组织形式

幼儿的早操活动应将教师有组织的直接指导与教师在幼儿自由活动中的间接指导有机结合起来，将集体活动、小组活动和个别活动有机结合，以符合不同活动内容的不同要求，并灵活采用多种形式，激发幼儿活动的积极性，提高幼儿活动的主动性、独立性和创造性。在操节环节要求大家按照统一的动作来做；游戏环节可以让他们自由选择游戏伙伴，可以是一对一的个别游戏，可以是三五成群的小组游戏，也可以是打破班界的集体游戏；放松整理环节则可以让他们在音乐的伴奏下，按照自己的想象和理解自由创编一些放松整理的动作。不同年龄班的组织形式还应该有所不同，小班以自由活动为主，中班可以增加一些合作活动形式，大班可适当增加集体活动的分量。

4. 及时调整早操活动的内容

早操编排后不是一成不变的，而应该根据幼儿的实际需要进行定期更换和调整，一般情况下基本体操的内容应一学期更换一到两次，其余几个部分可作为机动内容，每月更换一次。各班教师可根据本班实际及每月体育活动的目标更换幼儿感兴趣的体育游戏，重点训练走、跑、跳、爬、投掷等基本动作，有目的、有计划、循序渐进地提高他们动作的灵敏性、协调性，尽最大努力丰富早操内容，以提高幼儿做操的积极性和做操的能力。同时，应根据幼儿在活动中的运动负荷、对早操的熟悉程度以及季节特点等，适时调整早操内容。

（1）根据幼儿的运动负荷量进行调整

确定一套操的运动负荷量，除了按照一定的曲线规律进行理论上的编排外，还必须在幼儿基本掌握了整套操后，通过测试来了解其实际运动负荷量是否符合人体的运动负荷量，是否符合人体的运动负荷曲线规律，不合适的地方要及时进行调整，以体现早操的科学性。具体测试方法如下：①号脉法，以右手食指、中指和无名指轻轻按着幼儿任一手前臂外侧靠近手腕的动脉，用秒表或有秒针的手表计时，测量10秒内幼儿的脉搏次数；②听诊法，将听诊器放在幼儿胸部，测听幼儿的心跳，计算方法同号脉法；③心率测量仪，将心率测量仪佩戴在幼儿身上，通过接收信号测量心率变化。

测试步骤如下：每环节选择基础心率大致相同、动作技能相当的男、女学员各一组，挂上1—7环节的记号牌，由两位教师分别负责男童组和女童组的测试工作。在各环节结束后，按顺序测量该环节幼儿的心率（被测幼儿不得与其他环节重复。操节部分测两次，分别在第三节和第六节结束后），以10秒为单位测量时长。用3—4天的时间，在不同班级，共测试3—4组幼儿，即每一环节抽样测试3—4位动作发展不同（好的、中的、差的）的幼儿。

运动负荷量计算方式如下：（每环节脉搏测数/10秒）乘以6，等于该幼儿该环节运动负荷量；将每环节3—4组幼儿运动负荷量相加，除以组数，得到该环节平均运动负荷量；将早操全过程平均运动负荷量相加，除以一套操的测试次数，得到整套早操的平均负荷量。

根据测试得到的数据调整早操各环节的内容、时间、动作强度，使运动量符合幼儿运动发展的实际。

（2）根据幼儿的熟练程度进行调整

幼儿的动作发展是一个渐进的过程，从初学早操的生疏，到后来熟练地表现，需要一定的时间来掌握一些难度较大的动作。因此，早操编排成型后，教师要充分考虑幼儿动作发展的特点，允许早操留有持续发展的余地。当幼儿熟练掌握后，还要通过改变游戏的玩法，或者提高动作的难度等形式进行调整。例如，大班幼儿对跳绳技能的掌握需要较长的时间，那么在早操的跳绳游戏环节中，最初就只要求一个个从荡起的绳子下面钻过，等掌握了跳绳的技能后，再从绳子上鱼贯跳过，直至最后的花样跳绳。

（3）根据季节和气候的变化进行调整

在组织幼儿早操时，还要根据不同的季节和气候，调整早操的时间和内容。在冬季，幼儿进行早操活动的时间可适当长些。另外，如果冬季天气特别寒冷，早操活动也可以调整为课间操，并与上午的户外活动结合起来进行。早操应坚持在户外进行。天气条件差（如雨雪天或风大等）时，也可让幼儿在室内或走廊里做操。在天气炎热的夏天，对于运动量大的奔跑型游戏就要取消，适当缩短早操的时间。

二、户外体育活动

户外体育活动是幼儿体育活动的又一重要组织形式，它不仅能让幼儿锻炼身体，而且能让其直接受阳光、空气和温度等自然因素的刺激，对幼儿的运动系统、呼吸系统、循环系统、神经系统的健康发育尤为重要。

（一）户外体育活动的意义与内容形式

1.户外体育活动的意义

第一，户外体育活动有利于幼儿的生长发育和身体健康。幼儿在户外进行适当的身体运动，不仅能有效地锻炼身体，而且能直接受到日光和新鲜空气等自然因素的刺激，这对于幼儿骨骼的发育以及呼吸系统、神经系统的健康尤为重要。

第二，户外体育活动能够弥补幼儿早操活动和体育课组织形式的不足。幼儿早操活动和体育课通常以集体完成一定的活动任务为主，其组织性、目的性较强，很难满足幼儿的不同需要。户外体育活动就是要弥补这一不足，充分考虑和兼顾幼儿的不同兴趣、爱好和能力水平。因此，幼儿户外体育活动应尽可能给予幼儿更多“自由”的机会，即让幼儿自由选择运动项目和运动器械，自由结伴游戏。教师不要规定幼儿玩什么，也不要规定谁与谁玩。这样，幼儿可以根据自己的需要来选择活动，在自选的活动中自觉地、主动地提高自己的动作能力和身体素质。同时，尊重幼儿的选择，还可以培养幼儿的独立性、自主性和目的性。幼儿自由结伴游戏，能促进幼儿社会性的发展，幼儿会从中感到无比的愉快、自由、轻松和尽兴。

2.幼儿户外体育活动的内容形式

（1）幼儿户外体育活动的内容

一是各种大、中、小型幼儿运动器械的活动，这是幼儿户外体育活动的主要内容。大型运动器械最好沿着活动场地的周围摆放，并要注意互不干扰，尤其像秋千、浪船等摆动类的运动器械，更应该注意安全性。二是幼儿体育游戏的活动，一般作为调节活动量的手段。三是适当地组织幼儿复习某些身体活动，如幼儿基本体操等，但复习的时间不应超过活动时长的1/3。四是晨间分散的体育活动，有时也可被看作是幼儿户外体育活动的一种类型。教师可以为幼儿提供一些中、小型的运动器械，让幼儿自由选择。五是幼儿体育活动区的活动，这是幼儿户外体育活动的一种特殊类型。有条件的幼儿园，可以安排一个全园统一的户外体育活动时间，利用全园的有效活动场地和器材，设置若干个幼儿体育活动区，如球类活动区、钻爬区、投掷区、各种大中型运动器械区等，对全园幼儿开放，各年龄组幼儿可以自由选择活动区进行活动。每个活动区都有一两名教师给予关照或进行必要的帮助与指导。这种体育活动可以打破幼儿年龄和班级的界限，扩大幼儿之间的广泛接触与交往，使幼儿在活动过程中能相互学习、相互帮助、相互影响，同时，也能满足幼儿多方面的需要和愿望。幼儿体育活动区的活动可以每月开展一次或每半个月开展一次，所设置的活动区可以依据幼儿的需要和爱好以及各园的具体情况而定。

（2）幼儿户外体育活动的常见形式

为了更好地发挥户外体育活动在幼儿身体发展中的重要作用，我们要灵活运用形式多样的户外体育活动，寓体育锻炼于丰富多彩的活动中，激发幼儿参与活动的积极性，更好地促进他们身体和心理的健康发展。目前，幼儿园常见的户外体育活动形式有以下几种。

封闭式的集体活动：这种形式是幼儿集体在教师的直接指导下进行同一项活动，活动具有严密的组织性。通常是教师组织幼儿开展某一个集体活动或者集体游戏。这种形式多用于小班，主要适用于复习和巩固动作或游戏，如学习早操操节动作、进行队列练习和基本动作训练等。其优点是便于幼儿在活动中相互模仿，也便于教师直接组织和指导，能够高效、快速地完成教师预定的计划。但这种整齐划一的集体活动，往往难以关注到个别幼儿的实际需要。

松散式的自选活动：这种形式是教师按照该年龄段儿童体育锻炼的阶段目标，为幼儿提供各种不同的器械，让他们根据自己的兴趣和需要自选活动器材，自由开展活动。如提供高跷、平衡木、沙包、飞盘、海绵垫、铁圈等器械让幼儿自选，练习平衡、投掷、爬等动作。该活动的优点是内容丰富，幼儿可以根据自己的需要来选择活动内容，有利于培养幼儿的主动性、独立性和创造性；教师也能够针对个别幼儿的不同情况进行个别教育，实现因材施教。但是，由于本活动形式组织松散，教师对活动的全面管理和指导难以落实，尤其是活动的节奏和运动量难以控制。同时，有些教师对幼儿的活动情况缺乏了解，所设计的内容缺乏阶段性、连续性，所提供的材料单一、重复。活动中，教师的指导不到位，对幼儿的自选活动放任自流，未能很好地体现计划性、目的性、针对性。另外，由于活动前幼儿总是根据自己的兴趣爱好选择活动器材和玩法，因此，在活动展开的不同时间，幼儿选择同一器材和相同玩法的可能性极大，这样对某些幼儿来说，活动内容单一的现象依然存在。

开放式的区域活动：开放式的区域活动是教师根据本班幼儿的生理、心理特点及基本动作发展的特点，因地制宜地在各种不同的场地上投放不同的材料，为幼儿创设多个体育活动环境，有针对性地投放游戏玩具材料和运动器械，让幼儿在一定的区域里进行某一动作的练习，如钻爬区、平衡区、投掷区、球类区，一般是打破班级界限。每一个班级设置一个运动区，教师在固定的区域内进行指导。幼儿根据自己的兴趣和需要，自主选择某一区域进行锻炼。这种形式的优点是环境布置成区域态势，不需要在教师的统一组织下进行，满足了幼儿选择活动的需要，增加了运动量，锻炼了多种体能，让幼儿体验到多种运动的快乐，萌发对体育活动的兴趣；对教师来说，有利于开发和利用幼儿园的环境资源，发挥各种器材、设备的功能，凸显运动场地和资源的共享，减轻教师的负担，有利于教师观察、指导不同幼儿，为进一步调整本区域的活动内容和形式提供依据。其缺点是教师对于本班幼儿在其他区域的活动情况未能全面了解和掌控，难以提出进一步的指导要求。

循环式的主题游戏：这种形式与区域是自选活动相同的地方是充分挖掘和利用幼儿园的环境资源，因地制宜地在各种不同的场地上，投放不同材料，为幼儿创设多个体育活动环境；所不同的是将有情节、有角色的主题游戏和传统的户外自选活动有机结合起来，创设一个以基本动作练习为主要内容的、区域式的、能够自主进行的活动情境（即通过游戏主题，将走、跑、跳、钻、爬等基本动作练习创建起来，成为一个有情节的主题游戏情境），让幼儿在这样的主题游戏里进行循环式的锻炼。其优点是活动形式灵活多样，可以让幼儿通过扮演角色，在有主题、有情境的游戏活动中进行锻炼，弥补了松散式的咨询活动单调、重复的问题。激发幼儿参与活动的积极性和主动性。其缺点是幼儿必须按照既定的玩法和规则进行游戏，活动中的创造性未能很好地得到发展。为了更好地实现资源共享，建议同一年龄班的教师分别设计不同的主题游戏内容，然后互换内容进行游戏，这样就能让幼儿每天都玩不同的游戏，实现身体锻炼的全面性，也克服了同一游戏单调、重复的问题。

以上几种活动类型有着各自的优势和不足，教师在实践中可根据幼儿发展的需要，灵活使用各种形式的活动，做到优势互补，取长补短，这样才能更好地发挥户外体育活动的教育功能。

（二）户外体育活动环境的创设

因地制宜，积极创设适宜的户外体育活动环境，是幼儿户外体育活动顺利开展的重要保证。

1.合理规划园内现有的环境资源

（1）合理利用已有的环境资源

丰富的活动环境是幼儿参与户外体育活动的基础，很多幼儿园由于条件的限制，开展户外体育活动确实存在着一定的困难。为此，我们要根据园内已有的场地、设施和体育器械，充分挖掘这些环境因素在幼儿户外体育活动中的重要价值，让环境因素为幼儿户外体育活动的开展服务。城镇很多幼儿园的长廊、塑料操场、游戏墙以及种满青草的山坡、铺设鹅卵石的小路、沙池和戏水池等设施，农村的田埂、土坡、水沟、树林等场所，有其各自不同的锻炼价值，都是开展体育活动的有利资源。我们要综合考虑这些资源的利用，合理创设各种体育运动区域的游戏场景，最大限度地发挥它们在幼儿体育运动中的重要价值。例如，将塑料操场及周围的小道、大树、转台、消防栓等组合起来布置成“马路”“岗亭”“仓库”“加油站”等简单而有趣的游戏场景，整体就构成了“开汽车”的主题游戏情境。这样的游戏可以整合动作练习、观察信号和标志、培养合作意识等方面的内容，幼儿也可以自由选择“司机”“警察”“乘客”“搬运工”等角色。在这些情境中进行自主游戏和小组合作游戏，利用塑胶操场、艺术长廊、斜坡可以创设出“给小动物送点心”等有趣的主题游戏，让幼儿综合练习走、跑、钻、爬、平衡、投掷等动作。

（2）扩展设施设备的运动价值

教师要摆脱传统的束缚，克服一物一用的思维定式，积极扩展设施设备的教育功能，提高其使用价值。幼儿园的草地、戏水池、楼道、拱形门洞和山坡等设施，都有其各自不同的功能。同样，这些设备在幼儿户外体育活动中也是重要的运动场景，要求我们充分挖掘和拓展。如大型组合滑梯，除了可以让幼儿从滑梯上下滑，还可以引导幼儿沿滑梯的斜坡向上爬，练习攀爬的动作，更可以让幼儿在滑梯的下面练习低头躬身钻、在窄带上行走。沙地、小树旁的围栏除了有防护作用，还可以让幼儿在上面的窄道上行走，提高其平衡能力；让幼儿从上面往下跳，练习跳下的动作。幼儿园的山坡更是幼儿练习走斜坡的地方。下雨天很多户外场景都不能使用，我们就可以带领幼儿爬楼梯。楼梯旁边有扶手，台阶的高度不太高，可以一步一层地爬，便于幼儿完成攀爬的动作，提高幼儿腿部力量和动作的协调性。同时，爬楼梯是幼儿生活中常用的生活技能，幼儿在练习攀爬的同时学会了上下楼梯靠右走，懂得了上下楼梯不推不挤、安全有序。这样的活动既可以解决雨天缺乏场地的问题，又具有重要的实践意义。

（3）综合开发和利用三维空间

由于场地有限，在创设户外体育活动环境时，我们还要充分考虑地面、墙面、屋顶三维空间的利用。如在幼儿园的围墙上设置投掷目标让幼儿练习投掷，钉上篮筐让幼儿练习投篮；在走廊上悬挂高低不一的水果，让幼儿在“摘果子”的游戏中练习纵跳摸高；架空层上悬挂荡椅……只要我们用心去寻找，就会发现幼儿园里很多地方都是幼儿户外体育活动的重要场所。

2.积极研发丰富多彩的运动器械

运动器械是提高幼儿运动能力和身体素质的重要载体。教师将各种体育运动的目标蕴含在器械中，让幼儿在使用各种不同的器械中掌握基本的运动技能，提高身体素质。因此，挖掘具有锻炼价值的体育器械，是完成体育运动目标的重要一环，要求我们积极挖掘和探索。

首先，把生活中喜闻乐见的用具引入体育活动中，成为幼儿体育活动的器械。生活中的竹梯、竹竿、簸箕、彩带、布袋、桌子、椅子、帽子、蚊帐等用具，我们通常熟视无睹，可它们却是提高幼儿走、跑、跳、平衡等基本动作能力的重要器械。例如，把椅子排成一排可以在上面行走，提高平衡能力；间隔摆放，可以锻炼在间隔的物体上行走的能力；两张椅子倒扣在一起，可以练习从椅背上跨过。这样的器械唾手可得，将其引入活动，可以丰富幼儿户外体育活动的内容，提高幼儿参与活动的积极性。

其次，把一些具有民间特色的器械引入幼儿的体育活动中，开发民间体育活动项目。跳皮筋、踢毽子、跳格子、抬新娘、抛绣球、跳竹竿、斗鸡、端盘子、人力拉车、舞龙等传统民间体育活动，以其生动有趣的活动内容和形式，受到人们的喜爱。在实践中，我们可以把这些具有生命力的传统民间体育活动引入幼儿的户外体育活动中，让其成为户外体育活动的重要内容。例如，借鉴“顶碗”和“走钢丝”等活动，让幼儿顶着碗、沙包、书本等物品，在有一定高度的桌子上行走，提高幼儿的平衡能力；借鉴“跳竹竿”“跳格子”“跳皮筋”等活动，让幼儿练习按节奏进行单脚和双脚跳的动作；借鉴传统的舞龙活动，让幼儿练习一个跟着一个跑；利用农民、工人、服务员等人物劳动内容，开展挑担子、爬竹梯、端盘子、推车送货等游戏，提高幼儿多方面的运动技能。

最后，把生活中的废旧物品引入幼儿体育活动中，来挖掘废旧物品的价值。生活中的衬衫盒、月饼盒、报纸、纸箱、易拉罐、可乐瓶、水管等看似废旧无用的物品，通过教师的双手创造出许多不同的玩法。例如，一个废旧纸箱经过教师的一番装饰，变成了幼儿喜爱的玩具，他们可以倒立蹬箱，使纸箱滚动；可以两个人一起，共同向前爬行，宛如爬行中的毛毛虫；竖起来套在身上，成为移动的“汽车”等。将这些废旧物品制成幼儿运动的玩具和器械，可大大激发幼儿参与活动的兴趣。

另外，我们要充分挖掘和利用本地资源，开发出具有本地特色的体育运动器械。例如，山区的木桩、竹子、藤条和农村的稻草等，这些物品只要稍微进行加工，就可以成为幼儿体育运动的器材。

（三）户外体育活动的组织与指导

1.保证足够的活动时间

教师要保证幼儿有充足的户外体育活动时间。《幼儿园工作规程》指出，全日制幼儿园每日户外活动时间不得少于两小时，寄宿制幼儿园每日不得少于三小时，其中包括每日一小时的户外体育活动。场地小的幼儿园在安排一日活动时，要保证各班每天至少有一小时户外体育活动。教师可通过错开活动时间，开展大带小的混龄活动等途径，合理安排幼儿户外体育活动的时间，解决场地上的困难，保证幼儿户外体育活动的时间。

2. 拓展适宜的活动内容

幼儿园的户外体育活动内容不应局限于现行的基本动作和传统器械练习，而应根据幼儿的需要，就地取材，因地制宜，为幼儿开展各种体育活动创造条件，把幼儿感兴趣的内容引入幼儿的户外体育活动中，不断拓展活动的内容。如球类活动，目前在很多幼儿园都只有小篮球运动，可适当增加小足球运动，让幼儿练习踢球、传球、顶球射门等简单动作；还可增加排球运动，让幼儿练习传球、垫球、吊球等简单动作。有条件的幼儿园，还可以开展户外游戏，如爬山、玩冰、玩雪、“三浴”锻炼、散步、远足等活动，以不断丰富幼儿户外体育活动的内容。

3. 探讨多种组织形式

前面我们讲过了，各种户外体育活动类型都有其优点和缺点，教师在活动中要灵活地把几种类型的活动形式结合起来使用，克服单一模式中存在的问题。既可以开展传统形式的以班级为单位的户外体育活动，又可以开展打破班界的，或者大带小等多种形式的户外体育活动。例如，把区域式的自选活动和主题式的游戏活动结合起来——将整个大的活动区域范围按活动班级的需要划分成几个小的活动区域范围，以班级为单位开展主题式的游戏活动，进行了一个单元后（一周或更长的时间），班级之间互相交流，并在交流的基础上进行适当的调整。还可以打破班界，开展大范围的区域式自选活动。由于选择内容、玩伴和空间的拓展，幼儿的兴趣将大大提高。

由于同伴是重要的环境资源，幼儿愿意通过模仿，从同伴那里得到启发和帮助，因此我们除了要重视开展同一年龄班活动外，更应该重视开展大带小混龄活动。从大带小的活动中，我们将看到：小年龄班的儿童在大年龄班儿童的带领下，愿意主动参与活动，学习他人的经验并迁移到自己的活动中来，提高参与活动的积极性；同时，能够较好地解决教师人手紧缺的问题，为幼儿的活动提供指导。另一方面，大年龄班儿童在活动中会显得很有自信，感觉自己是个小老师，有能力指导小伙伴，帮助小伙伴解决困难，并感受到，在与年龄小的同伴共同活动中，需要他们去关心、爱护弱势群体，学会原谅他人的过错，理解、宽容别人的不足，有利于提高幼儿的交往技能。因此，在日常工作中，我们应该充分发挥幼儿同伴的资源作用，通过开展不同形式的户外体育活动，让他们在与伙伴的交往中相互学习、支持和帮助，为幼儿学习交往提供更加广阔的空间。

4. 营造宽松、和谐的活动氛围

幼儿户外体育活动除了应该重视物质环境的创设，更应该重视尊重、宽松、和谐的心理环境的创设，以达到充分发挥幼儿的自主性和创造性的目的。

（1）充分尊重幼儿的人格，给幼儿自主选择的空间

在自选户外体育活动中，幼儿参与哪个区域、自己玩还是与同伴一起玩，都由他们自主确定，教师的作用是观察情况、发现问题、积极引导，而不是强加干涉，这样才能确保幼儿有宽松、自由的活动空间。例如，教师发现活泼好动的幼儿总是喜欢从高处跳下、在斜坡上走等运动量大、新颖刺激的活动，而文静内向的幼儿却较少参与这样的活动，于是教师可以分别以这样的口吻对活泼的幼儿进行引导：“你愿意帮助×××小朋友，让他和你一样棒吗？”“你可以尝试和×××小朋友一起玩，你们会玩得很开心的。”教师还可以针对每个幼儿的特点，从多个角度引导他们结组游戏，提高他们的合作能力。

（2）营造和谐的互动氛围，给幼儿大胆尝试的机会

为了引导幼儿大胆地尝试各种活动，教师要以积极的态度对待幼儿，由衷地热爱和赏识每一个幼儿，适时地运用支持性的语言进行指导，如“让我们试一试”“勇敢点，你一定行”“当然可以”“你做得可真好”等。活动中，教师应注意关注不同个性幼儿的需求，采用不同的引导策略支持他们的学习和探索。对于性格外向、胆子大、喜欢参与有一定冒

险性运动的幼儿，在给予赞许的同时，要引导他们要细心些，注意安全；而对于性格胆怯、孤僻的幼儿，则采用多鼓励、带着他们一起玩的方法，消除其顾虑，并把握时机给予表扬和肯定，帮助他们树立自信心。此外，教师要不断转换自己的角色定位，在活动中和幼儿玩成一片，多从幼儿的心理需求考虑，及时调整教育策略。

（3）采取适宜的指导策略使幼儿体验成功的快乐

《纲要（试行）》明确提出："为每一个儿童提供尝试和获得成功的机会，增强其自尊心和自信心。"当幼儿获得成功的体验，就能极大地激发他们活动的兴趣，促使他们更加积极主动地参与，克服困难完成动作和游戏任务。因此，教师要利用户外体育活动中便于观察、指导的优势，灵活应用语言引导、动作示范、参与游戏等形式，对幼儿进行有针对性的指导，如在舞龙游戏区，怎样合作是一个难点，参加舞龙的几个人必须按照同样的节奏走同样的路线，才能使"龙"舞动起来。针对这一情况，教师通过适当参与，帮助幼儿掌握要领，促使他们自主参与合作游戏，体验成功的快乐。

为了使教师的指导既及时有效，又不失对幼儿的尊重，教师就要正确把握介入指导的时机。一般情况下，出现以下情况时，教师都应及时介入：当需要幼儿掌握新动作技能时，当幼儿遇到动作技能困难时，当幼儿因胆小而不敢做某动作时，当运动中出现危险动作、互相攻击时……教师帮助幼儿解决当前急需解决的问题，以提高指导的针对性和有效性。

5. 排除户外体育活动的安全隐患

户外体育活动的场地和器械随时都可能存在不安全的因素，这就需要教师根据幼儿园的实际情况，采取相应的措施，预防各种安全事故的发生，确保幼儿户外体育活动的顺利开展。

（1）合理利用场地

合理地利用场地，应根据场地自身的特点选择适合的运动项目，否则就可能导致安全事故的发生。例如，若户外体育活动场地面积过小，可以采取各年龄班错峰锻炼的方式，以免因场地狭小发生安全事故；若是面积较大的场地，应根据场地的性质确定该场地所开展的运动项目，如沙质类场地可以开展跳跃活动项目、靠墙的场地可以设置攀爬活动项目等。

（2）建立必要的安全制度

科学合理的安全制度是保证户外体育活动顺利开展的重要内容，教师应该根据幼儿的年龄特点、活动内容以及场地和器械的实际，提出有针对性的要求，并建立相关的制度。这些制度有些是针对教师提出的，如活动前要提出相应的安全要求，做好切实的帮助和指导工作等；组织户外活动，教师视线范围内应该能够观察到班级的所有幼儿。还有的制度是针对幼儿提出的，要求幼儿根据制度要求及时调整自己的行为，如体育器械的存取和使用时必须排队，投掷物只能在规定的范围内使用，快跑时不推不挤。针对幼儿的这些制度，有些可以是教师根据活动要求提出的，有些可以是教师在活动中与幼儿共同讨论产生的。

（3）随时检查活动场地、器具和设备

幼儿园要有专人负责，定期检查活动场地，维修活动器械、设备，教师也要做个细心、负责任的人，随时检查，发现安全隐患及时消除。如滑梯的坡度要适当，边角要光滑，着地点应布置垫子和沙坑，以减小下落时的冲击力；摇椅、荡船等玩具安装时重心要低、吊环要牢固等。在活动前，教师应不怕麻烦，检查一遍各种器具、设备的安全；在活动过程中，要避免幼儿因使用方法不当引起的不安全情况。总之，体育设备的各个细节都要注意，以确保幼儿的安全。

三、室内体育活动

室内体育活动是指在室内开展的各种体育活动的总称。由于它不受气候因素的干扰，能保证幼儿体育活动正常开展，并在活动内容、活动目标、教师指导等方面与户外体育活动相互补充，因此，室内体育活动不失为锻炼幼儿身体的一种有效的组织形式。

（一）室内体育活动的形式

室内幼儿体育活动主要包括两种。一种是开辟幼儿室内体育活动场所。幼儿可以自由地选择活动器械进行活动，以弥补因户外天气不好或场地条件有限等原因造成的不利影响。另一种是组织幼儿开展室内独特性、创造性的身体活动。以身体活动的方式，促进幼儿智力、情绪、个性等方面健康发展。

1.室内体育活动场的活动

在较宽阔的室内（最好是木板地或铺上地毯）或者走道的边缘、角落处，放置一些大、中型的幼儿运动器械。例如，跳床（或称蹦蹦床）、摇马、攀登架或攀登网、木制或塑料制的台阶、自制的硬纸盒“地道”、“充气小城堡”、大型塑料玩具、塑料小球池、必要的安全垫子等。这不仅可以在户外天气不好、场地条件有限的时候为幼儿提供身体活动的机会，而且也能保护某些特殊的运动器械免受外界自然环境的侵蚀。

室内体育活动场的活动，最好是幼儿小组或个人自由活动，这样既可以满足幼儿多种活动的需要，避免拥挤所造成的危险，又有利于教师的全面管理。当然，如果室内体育活动场地面积较大的话，也可以安排一个班级的分散活动。不管怎样，幼儿都可以自由地选择活动项目和活动器械，使身体活动丰富多样。在幼儿活动的过程中，教师要注意进行全面的观察和照料，对幼儿危险的行为应给予及时的纠正和教育。活动时最好能有两名教师。

幼儿在室内进行体育活动时，如果可能，最好是穿着袜子或者赤足进行。一方面可以减少室内的灰尘，保持空气及室内的洁净；另一方面对幼儿的脚底部也能起到按摩与锻炼的作用，并有助于幼儿触觉和运动神经的发展。当然，应格外注意运动器械和场地的安全性，以免幼儿的脚部受到划伤或刺伤等。活动时，四周的窗户应尽可能打开，以保持空气的流通和新鲜。

2.室内表现性、创造性的身体活动

可以利用幼儿园中现有的音乐活动室或舞蹈房进行活动。室内最好是木板地，有条件的话也可铺设地毯，无需放置大、中型的运动器械，只需配有一架钢琴或风琴，或是一台录音机即可。如果活动需要，也可以准备一些轻便的辅助材料，如彩带、塑料圈等。

幼儿在音乐的伴奏下，依照活动的主题，进行相应的身体活动。例如，体会各种形式的爬、滚等动作；做各种身体的律动动作；探索身体的各种功能及不同身体姿态与动作；进行表现性的舞蹈活动（例如，以“高兴的小花猫”为主题，幼儿随着欢快的音乐声自由地表现身体动作、姿势和表情，然后相互介绍、交流我这只小花猫为什么这样高兴和快乐）等。

这类活动的特点是围绕一定的主题开展身体活动，没有统一的、规定的动作要求，幼儿可以依照主题，根据自己的理解和感受自由表现、自由发挥、自由创造。这类活动能提高幼儿身体动作的表现能力，发展幼儿的创造性思维和想象力，激发幼儿愉快的情绪，培养幼儿积极开朗的个性，并使幼儿学会相互尊重、相互理解和相互欣赏。

（二）室内体育活动的组织与指导

1.要制订室内体育活动的计划

充分利用多余的教室和各种走道、空间，开展室内体育活动，并规划和安排好各年级、各班级开展活动的场地和教室，以及投放的运动器材，使每个教室都能被充分利用起来。

2.建立室内体育活动的规定

由于室内体育活动的场地和空间较小，特别是有桌椅的教室，为此，要建立布置室内场地和活动器材、取放活动器材、使用活动器材、堆放衣物鞋子、活动范围和路线、避让方法等规定，以保证室内体育活动有序、有效地开展。如果室内场地是地板或地毯，尽可能让幼儿脱去鞋子，穿袜子或赤脚参加各种体育活动，这样有助于幼儿对地板的触觉和运动感觉的发展。

3.重视运动卫生工作

开展室内体育活动时，应将窗户打开，保持空气流通。教师要注意全面观察，并进行必要的指导和保护，防止幼儿碰撞和受伤。

四、体育课

体育课是一种有目的、有计划、有组织的体育活动。它以身体练习为主要内容，注重幼儿身体的全面发展，有目的、有计划地提高幼儿的身体素质，发展幼儿的基本活动能力，增强幼儿的体质；同时，也包含一定的教学活动，重视促进幼儿智力和品质的发展。因此，幼儿体育课是实现幼儿体育目标的基本途径之一。

（一）体育课的类型与结构

完成一次体育课的教学任务，要通过备课、上课、课后辅导与复习以及对教学效果的检查和评定等教学环节。备课是关键，上课是中心环节，复习巩固、检查和评定也是不可缺少的环节，它们是一个有机的整体。

体育课的类型：幼儿园体育课的类型有新授课、复习课、综合课、考核课。幼儿园体育课形式一般是新授课。

1.备课

备课是上课前的准备工作。一堂课的成败，与备课质量有直接的关系，备课是上好课的关键。备课包括了解情况、钻研教材教法、制定教案、确定教学手段、小助手的培养和教学物质条件的准备等工作。

了解情况：要了解幼儿人数、年龄特点、个性特点、健康状况、体能水平、智力和学习能力以及行为表现等；要了解场地、器材、气候、环境等教学条件。

钻研教材教法：对教材的性质、任务、内容、重点、难点、教法及与其他教材的关系等，都要认真钻研，熟练掌握。

编写教案：要在深入研究各个教学因素的基础上编写课时计划。要确定课时内容、目标要求、组织教法和合理安排运动负荷，以及场地、器械的布置等。编写教案是备课中深入落实的重要环节，教师要十分重视。由于有些教学因素是在不断变化的，因此在上课前、上课中要根据实际变化的情况，做必要的、灵活的调整。

小助手的培养和教学物质条件的准备：如果有的动作限于教师自身的条件不便亲自示范，可请幼儿做示范，但应在事前帮助幼儿将动作做正确；有些动作由于器械高度和宽度不适合教师做示范，也可事前培养幼儿做。教学物质条件包括场地、器械、教具、幼儿佩戴的标志、饰物等。物质准备要有利于教学，保证安全；教师的服装、鞋等要便于教学；幼儿的衣帽、鞋子等，教师在课前也要检查。

2. 上课

上课是课堂教学的中心环节，是完成既定教学任务的最重要的一步。由于体育教学任务的多样性，需要有多种类型的课。目前幼儿园的体育课，最普遍的是综合课，这与幼儿体育课任务的多样性、综合性有关。所谓综合性，既是教授新教材，又是复习旧教材，在复习巩固已学过的教材的基础上，增加一部分新的内容，这样有利于全面完成教学任务。

课的结构是指组成一堂课的几个部分及其相互关系，还包括各个部分教学内容安排的顺序和层次，以及教师和幼儿活动的组织等内容。目前，体育课多采用“开始部分—基本部分—结束部分”的结构，现对这三部分分别做介绍。

（1）开始部分

任务：迅速将幼儿组织起来，集中幼儿注意力，并从生理和心理方面做好准备和动员工作，激发学习和活动兴趣，使幼儿精神振奋，情绪活跃，身体各器官能较快地进入工作状态，为基本部分做好生理和心理上的准备。

内容：集合幼儿、整队，向幼儿简要说明课程的内容要求、排队和变换队形练习、走步、慢跑步、徒手操和轻器械操等，以及提高身体素质的练习，包括一些动作简单、负荷量不大的身体运动内容。

开始部分设计最好是新颖简短的，需要根据幼儿的特点、基本部分的目标、气候等因素来确定活动的内容和时间，一般占总时间的10%—20%为宜。幼儿的年龄越小，开始部分所占的时间越少，小班3—5分钟，中班5—6分钟，大班6—7分钟。

（2）基本部分

课程的教学目标是通过一定的身体动作练习，提高幼儿的身体素质，发展基本动作的活动能力；学习粗浅的体育知识和技能；培养优良的品德和良好的性格，发展智力。

内容以《纲要（试行）》所规定的内容为主。选择和安排要符合科学规律。如果此节课有新的教学内容，就应该根据幼儿认知活动的特点，将此内容安排在基本部分的开始阶段，以便幼儿能有较集中的注意力、饱满的情绪、充沛的体力去学习和练习。至于能引起幼儿高度兴奋或活动量较大的游戏活动，则应该放在基本部分的后半段，以便使之与幼儿身体机能活动的水平相适应。

全课的运动负荷高峰一般出现在基本部分，教学时要掌握好负荷的节奏。基本部分活动时间一般约占总时间的70%—80%。一般是小班10—12分钟，中班15—17分钟，大班20—22分钟。

（3）结束部分

任务：有组织地结束一节课，缓解幼儿身心高度兴奋或紧张状态，使之较快地恢复常态，并进行简单的小结。

内容：一般包括两个方面，一是做一些身体放松的游戏或动作，帮助幼儿放松肌肉，消除疲劳，使幼儿的身体和情绪由高度紧张、兴奋、激动状态逐渐过渡到相对平静的状态。二是进行本节课的简单小结，肯定和称赞幼儿的努力和成功；同时要继续激发和保持幼儿对身体活动的兴趣和积极性，并组织幼儿整理教具，养成做事有始有终的好习惯。

结束部分活动时间约占总时间的10%（一般为2—3分钟），并视具体的活动情况而增减。

3.课后辅导和复习

课后辅导和复习是课堂教学的必然延续，是不可缺少的环节。因为无论是知识技能的掌握、优良品德习惯的形成，还是体力的增强，都需要逐步地加以强化。幼儿园体育课时间短，间隔时间长，更应注意课内外的密切配合；幼儿存在着个体差异，而课堂上贯彻区别对待的原则有局限性，需要课后予以个别辅导，才能较好地使幼儿共同前进、发展个性；幼儿自学能力和独立性都比较差，课后需要教师组织复习、指导。

4.检查和评定

课后应对备课和上课的全过程进行回顾，对课堂中所获取的信息进行分析和研究，以进一步了解幼儿的特点，总结教学经验，探索教学规律。它是提高教师教学能力、提高教学质量的不可缺少的环节。

课的分析和评定，按参加分析、评定的人分为自我分析和互相分析。自我分析是每节课后都应进行的，互相分析是在互相听课后或集中听课后进行的。两类分析又可以分为综合分析和专题分析。综合分析是指对课的质量进行全面的分析和评定。进行全面分析的方式有很多，可按问题进行分析，也可按教学过程进行分析，还可以把两者结合起来共同分析。专题分析是指对课的某一方面的质量进行分析和评定，有利于对教学中的问题进行深入研究。课的分析和评定，应力求做到具体、全面、深刻、辩证。

（二）幼儿体育课的活动量安排

1.幼儿体育课活动量的基本特点

不论采取何种类型的幼儿体育课，也不论其结构如何变化，幼儿体育课活动量的安排都必须适应幼儿身体生理机能活动变化的规律和特点，活动量应由小开始，逐渐增大，最后再由大逐渐减小。根据一些科研资料及幼儿体育课的具体实践，较适合于幼儿体育课的活动量的参考数据为：课前心率与课后心率之差在40—50次/分钟；课时平均心率在130—150次/分钟；心率恢复时间在5分钟以内；课的练习密度在50%—70%。幼儿体育课的总时间在小班15—20分钟，中班20—25分钟，大班30分钟左右。

2.注意运动的强度与密度的合理搭配

为了保证幼儿体育课活动量的适宜，需对课中身体运动的强度和密度综合考虑，注意其合理搭配与协调。如果运动的强度较大（如单脚连续跳跃的动作练习、快跑的练习等），则运动密度可以适当减小一些，使幼儿有适当的休息时间；相反，如果运动的强度较小（如钻、走的动作练习等），运动密度则可以适当增大些。一般来讲，幼儿体育课中包含几种身体动作的练习或几种不同的活动，这时，各种身体动作的练习或活动之间，更需要综合考虑运动的强度和密度的合理安排。

3.注意上肢活动与下肢活动的有机结合

在一节幼儿体育课中，身体动作练习部位的选择应尽可能考虑到幼儿上肢与下肢的结合。例如，如果幼儿已选择跑步练习，就应避免再选择跳跃练习，因为两者均属于腿部运动，容易造成幼儿腿部负担过重，最好是选择上肢部位的活动（如拍球、投掷）或全身的活动（如手膝着地的爬）等。

4.注意季节、气候的特点

在不同的季节、气候条件下，幼儿体育课活动量的安排也应有所差异。例如，在夏季，由于天气本来就比较热，身体稍加运动就会出汗，这时，幼儿体育课的活动量就应该安排得小一些，可以多选择钻、投掷等动作的练习。有条件的话，可以让幼儿在有树荫遮挡的场地上进行活动，以免幼儿中暑。

五、其他形式的幼儿体育活动

除了幼儿早操活动、幼儿体育课、幼儿户外或室内体育活动这几种最常见、最基本的幼儿体育活动的组织形式外，幼儿园还可以开展幼儿运动会、室内幼儿体育活动、幼儿远足活动或短途旅游等其他形式的幼儿体育活动。

（一）幼儿运动会

开展幼儿运动会的主要目的是丰富幼儿的生活，激发幼儿参加体育活动的兴趣，培养幼儿的集体意识。

1. 幼儿运动会的规模与形式

幼儿运动会应该开成小规模的，一般以一个幼儿园为基本单位来开展。如果幼儿园的规模较大，可以分片进行，每片最好包括不同年龄组的幼儿。

幼儿运动会的形式可以是将幼儿的表演与小型的比赛活动相结合，也可以开成大型的角色游戏活动（如有的幼儿扮运动员、有的幼儿扮裁判员或场地管理员、服务员等，不管怎样，每个幼儿都应扮演一个相对固定的角色）。

2. 幼儿运动会的内容

幼儿运动会所选择的活动内容可以包括以下几个方面。第一，每个班都表演已经学过的幼儿基本体操，简单的律动、舞蹈动作，或简单的动作技能（如拍球、猴子式的爬、钻圈）等。要求班级中的每个幼儿都参加。第二，每个年龄组都开展一两项简单且适合本年龄组幼儿能力水平与兴趣的小型游戏比赛活动。如小班可以进行“送娃娃回家”“小兔采蘑菇”等活动；中班可以进行自我服务（如穿衣、穿鞋、叠被）、“齐心协力盖大厦”等活动；大班可以进行“两人三足走”“小家庭”的合作活动等。第三，全园幼儿分块集中，跳简单的幼儿集体舞。第四，也可以邀请幼儿的家长参加，与自己的孩子合作，开展一些游戏活动。

3. 幼儿运动会的特点

每个幼儿都能参加具体的活动，幼儿运动会是面向幼儿全体的；准备工作较简单，不会影响幼儿园正常的生活与教学秩序；幼儿与教师都没有心理压力和负担；整个活动体现出轻松和愉快。

幼儿运动会结束时，应给每个班发奖，如友爱奖、合作奖、表演奖、优胜奖等，赠送给每个幼儿一件小纪念品或小奖品（纪念品或奖品可以是幼儿自己动手制作的，各班相互赠送），皆大欢喜，像过节一样。

（二）远足活动与短途旅游

组织幼儿到一片开阔的草坪上自由玩要，登上附近的一座低矮的小山坡，在附近的沙滩上追逐游戏，或者到附近的公园、植物园、儿童乐园、动物园去参观游览与活动等，可以称为愉快的远足活动或短途旅游。

走向大自然，充分利用当地的资源条件进行身体活动，增强幼儿的体质，培养幼儿的独立性和自主性，开阔幼儿的视野，丰富幼儿的生活，是开展幼儿远足活动或短途旅游活动的主要目的。

但远足活动更强调让幼儿徒步行走到某一个目的地的过程，更注重幼儿体质的锻炼和增强。远足活动的距离长短或远近，应根据幼儿的年龄及体质状况来确定，由近到远、逐步增长是基本的原则。对于个别体质较弱的幼儿，应给予一些特殊的照料。

活动地点的选择以及路途的过程，应充分考虑到幼儿的安全，在出发前应做好全面的准备工作。在幼儿徒步的过程中，教师要做好幼儿队伍的管理和组织工作，培养幼儿良好的组织纪律性。最好有一名医务人员随同，以防幼儿发生意外事故。

幼儿远足活动或短途旅游活动，可以与环境教育、科学启蒙教育、社会认知教育、爱国主义情感教育、语言教育等结合起来进行，使其成为综合的教育课程，充分挖掘其教育价值。

第五节 幼儿体育游戏概述

在《纲要》中体育游戏作为一个新发展课题出现，提出幼儿的发展有健康、语言、社会、科学、艺术五个领域，其中健康是第一位的，在儿童的全部生活中占据大部分时间，其作用显著。幼儿体育游戏作为学前健康教育的一个重要组成部分，需要科学地研究与定位。开展生动有趣、形式多样的体育游戏活动，是培养儿童兴趣的重要途径。所以幼儿体育游戏是实现儿童健康教育的最重要手段之一，儿童每日活动都是在游戏中进行的，科学地指导设计与编排体育游戏，是促进儿童健康发展的必要途径。体育游戏有严格的规则、要求，有时还需要克服一些困难，幼儿要学会控制自己的行为，遵守游戏规则，团结互助，发扬勇敢精神，游戏才能顺利进行。通过体育游戏，能使幼儿习惯于集体活动，自觉遵守纪律，培养幼儿勇敢的品格和互助友爱精神。体育游戏有情节和角色，有竞赛性，能够引起幼儿的兴趣，使他们感到愉快，可以培养幼儿活泼开朗的性格。

一、幼儿体育游戏的基本概念

（一）游戏

游戏是人类的一种特殊的社会实践活动，是由人类的身心需要引发的、人类社会的一种文化，是人们自由选择以自身为对象，不产生社会意义的产物的娱乐、健身活动的总称。游戏是娱乐活动，富有趣味性，其目的是娱乐消遣，达到积极休息的目的，深受人们尤其是儿童及青少年的喜爱。如游园晚会游戏、电视舞台游戏、家庭自发组织的游戏等。德国教育家福禄贝尔是教育史上系统研究游戏并尝试创建游戏实践体系的第一人，他认为，游戏是儿童内部存在的自我活动的表现，是一种本能性的活动。他将游戏的本质归结为生物性。苏联心理学家维果茨基认为，游戏是社会性活动，是在真实的实践情况之外，在行动上再造某种生活现象。游戏的本质是以物代物进行活动。在这种活动中，凭借语言的功能，以角色为中介，儿童了解、学习和掌握基本的人与人之间的社会关系。皮亚杰认为，“游戏是指不断重复一些行为，而主要是希望从中得到快乐”，同时他认为，游戏是思维的一种表现形式，其实质是同化超过了顺应。儿童早期认知结构发展不成熟，不能够保持同化与顺应之间的协调和平衡。这种不平衡有两种情况：一种是顺应大于同化，表现为主体忠实地重复性的动作，即模仿；另一种是同化大于顺应，表现为主体完全不考虑事物的客观特性，只是为了满足自我的愿望与需要去改变现实，这就是游戏。

游戏是以教育性为目的的活动，培养参与者的各种能力，可以发展幼儿基本能力，包括角色游戏、结构游戏、表演游戏及音乐游戏；可以发展人们的智力，包括文字游戏、数字游戏、图形游戏、智力题和玩具。游戏是体育活动的重要手段之一，是文化娱乐的一种，有智力的游戏，如下棋、积木、填字等；有活动性游戏，如捉迷藏、搬运接力等；有竞技性游戏，如足球、乒乓球等。游戏一般都是有规则的，对发展智力和体力有一定作用。

综上所述，游戏具有丰富内涵，它是一个模糊宽泛的概念，是人类自身活动需要的一种特殊活动，是竞技运动和体育运动的重要来源。它的趣味性和竞争性，是人们长期参与游戏活动的动力，提高了人们走、跑、跳、投以及日常生活的技能，促使其广泛普及和深入发展。作为一种广泛存在的社会生活现象，游戏一词积淀着丰富的社会文化内涵。这种社会文化含义长久以来作为一种背景性的观念影响着人们对于儿童游戏的看法。

1.体育游戏

体育游戏是游戏发展过程中派生出来的一个分支，是按一定规则，为实现其本身内定的目标而进行的健身性的娱乐活动，它融体力、智力、身心发展为一体，既是游戏的组成部分，又与体育运动有着密切的关系。体育游戏以发展各种基本动作为主要内容，并有一定的角色、情节和规则。体育游戏在我国也被称为活动性游戏、运动游戏，是学校体育的重要内容，在幼儿体育、中小学体育教学中，教学内容比重很大，属于教育性游戏的一种，组织者以游戏为教育手段，其目的是发展实施者的体能和体质。因此，体育游戏是在体育运动基础上，以身体练习为基本手段，以增强人们体质健康、发展智力及提高社会适应性、培养良好的道德品质等为目的而进行的活动。从人类的发展史来看，体育游戏表现出“社会性”，生活及劳动是体育游戏产生和发展的主要源泉。原始时期，人们为了生存而进行的各种狩猎、采食、种植、驯养、祈福等生活与劳动的行为，在对儿童的传承中，不断形成了各种类型的体育游戏。幼儿体育游戏是在体育运动的基础上，综合人类的走、跑、跳、投等基本生活与劳动技能及各项体育基本运动形式，创编出多种形体动作，并根据健身、教育等的需要，有针对性地拟定有教育意义的情节和竞技性较强的比赛规则而创编的游戏，一般是在室外进行的体育运动。体育游戏是在变化的环境中进行的，它能够发展机智、敏捷、迅速地判断能力并增强记忆力。因此体育游戏可与各项体育项目紧密配合，在大众体育中不断发挥其娱乐健身作用以增进健康。在学校体育中，促进青少年身体全面发展，掌握生活中的各项基本活动技能，培养勇敢、顽强、善于克服困难、集体主义和不屈不挠的精神，而这些精神都是现代人不可缺少的品质。

2.幼儿体育游戏

幼儿体育游戏是体育游戏的一个分支，是一种融合了运动、游戏和教育指导的身体练习活动。《纲要》指出，幼儿园要“开展丰富多彩的户外游戏活动和体育活动，培养幼儿参加体育活动的兴趣和习惯，增强体质，提高对环境的适应能力”。在幼儿园中，户外体育活动是每天的生活活动之一，体育游戏是幼儿户外体育活动的主要形式，也是幼儿全面发展教育的重要手段，体育游戏应该包含运动、游戏和教育指导三方面的要素。三种要素缺少一个都不能成为体育游戏，而三种要素之间的比例失衡或失调，也不能成为“好的”体育游戏。如过分侧重运动，就难免流于训练，难以被儿童接受；过分侧重游戏，就难免流于玩耍，难以克制任性和身心紊乱；过分侧重教育指导，就会降低运动的压力和游戏的快乐，同时也抑制了自律性和创造性的发展。因此，好的体育游戏应该是三种要素的有机结合体。

幼儿体育游戏研究的是人生最早阶段，即从出生到入学前（0—6岁）儿童游戏发展的规律，是由身体动作、情节、角色和规则组成的一种以增强幼儿身体素质和基本活动能力为目的的活动性游戏。

它包括七大素质能力（走、跑、跳、投、钻、爬、攀）以及十七种动作（走、跑、跳、踢、转、抛、接、投、拍、推、拉、悬、滚、钻、爬、攀、平衡）。幼儿体育游戏注重个性张扬、自由发挥，侧重锻炼幼儿小肌肉群以及身体局部机能和关节精细动作等。

体育游戏从生物演化角度来看，表现出“原始性”现象。人从出生开始，运动能力就得以不断开展，在运动能力不断发展的过程中，儿童始终追求着运动所带来的各种快乐。幼儿时期这一系列的运动行为往往表现出共同性，如旋转、追逐、钻爬、抓抛、捉迷藏等。这种“共同性”反映了早期体育游戏行为带有明显的本能性，这是人类几百万年不断进化而形成的“人”的特性。即体育游戏存在着原始性游戏行为，它比一般体育游戏更能全面发展幼儿的身心。

游戏比较符合幼儿的生理、心理特点，幼儿最喜爱游戏。高尔基说：“游戏是儿童认识世界的途径。”游戏中，幼儿容易接受教育。游戏是对幼儿进行德、智、体、美、劳全面发展教育的有力手段。通过体育游戏，不仅可以塑造幼儿健美的体型，使幼儿各项基本动作灵敏、协调、运用自如，提高基本活动能力，给幼儿的生活带来便利，而且能给幼儿以美的感受。

（二）幼儿体育游戏的意义

幼儿体育游戏作为一种特殊的体育活动方式，其不可替代的存在意义有两点。第一，通过快乐的活动来激发和保持幼儿参与身体锻炼的兴趣。第二，通过快乐的活动使幼儿的情感需要得以满足，进而促进其心理和身体的健康发展。在体育游戏中，幼儿的思维积极、活跃。通过游戏，能提升神经系统的灵活性和均衡性，使他们在生活中精神饱满、精力充沛、思维灵活。游戏的内容、情节等还可以使幼儿学到一些简单的知识。开展体育活动，培养了幼儿对体育活动的兴趣，发展了他们的基本动作，提高机体的功能，以及培养幼儿的智能、品德方面的良好素质。为今后接受系统的学习创造良好的条件。例如，“磁和铁”“看谁走得对”“电子计算机”等游戏，可以使幼儿懂得磁与铁之间的关系、学会辨别方向和增强数字概念等。

（三）幼儿园各年龄班体育游戏的特点

1.幼儿体育游戏的特点

（1）基础性

幼儿体育游戏和其他体育活动一样，具有自己独特的动作系统。幼儿体育游戏的动作系统主要由这三类动作组成：①走、跑、跳、投、爬、攀登；②一些竞技运动项目的简易的基本动作（拍球、踢球、投球等）；③提高身体素质的动作（身体素质练习）。

（2）娱乐性

趣味性强是体育游戏的重要特点。体育游戏中的动作简单易学、丰富多彩，特别是其中的模仿动作，形象生动有趣，容易激发幼儿兴趣。体育游戏中的竞赛，对于活泼、好动、争强好胜的幼儿，吸引力更大。体育游戏一般都有反映现实生活情节和想象中的角色，契合了幼儿模仿和参与成人活动的心理需要和幼儿社会化的心理需求，能够引发活泼多样、引人入胜的身体练习方式，也是促进幼儿参与锻炼的重要因素。

（3）开放性

幼儿体育游戏，能够不断地从生活中、自然界中、其他体育类型中吸取新动作和活动情节，并根据幼儿自身的特点加以改造。同时，它也可以通过对自身现有内容、形式上的改造、分化而产生许多新的体育游戏，以满足不同年龄、性别、季节、地区、物质条件和体育任务的需要。

（4）教育性

设计科学的和组织良好的幼儿体育游戏，在促进体能、智力、品德、习惯的全面协调发展中有着巨大潜力。幼儿的运动、竞赛、娱乐、模仿、表现、创造、审美和社会交往等多方面的发展需求，都有可能从体育游戏中得到满足。

2. 幼儿基本动作的特点

（1）走

走是幼儿日常生活中最基本、最自然地移动身体的活动方式。走的动作能够帮助幼儿形成良好的身体姿态，发展幼儿动作技能和提高适应能力。走的动作按照步型分为基本步、大步走、弓步走、交叉步走、滑步走；按照脚的着地方式来分，可分为全脚掌着地走、前脚掌着地走、后脚跟着地走；按身体的形态来分有屈体向前走（倒退走）、半蹲走、全蹲走、结合上肢及躯体动作的行走；按路线可分为直线走、曲线走、往返走；按坡度可分为上坡走、下坡走；按身体方位分为前进走、侧身走、后退走、变向行走；按人数分为单人走、双人走、多人走。

小班幼儿走时，由于头重、腿部力量不够，往往用上体前倾的方式移动重心，以带动身体前移。所以，他们的走与跑常常分不清。小班幼儿适宜沿地面直线或在较窄的低矮物体上走一段距离，或按指定方向走、听信号走。

中班幼儿走时，上下肢已比较协调，但步伐仍不均匀，节奏感不强。可以采用足尖步直膝走、屈膝走的方式。

大班幼儿走时，已能做到轻松、自然、协调，但还远不具备全班齐步走的能力。可以在斜坡、荡桥上较平稳地走，采用一对一齐步走的方式。可以通过合作走、蒙眼走等方式提高大班幼儿走的能力。

（2）跑

跑是幼儿在日常生活中基本且快速的身体移动方式，能有效为跳、投及其他复杂的活动打下基础。跑的动作按步型可分为基本跑、后蹬腿跑、后退跑、高抬腿跑、小步跑；按身体方位可分为前进跑、侧身并腿跑、交叉跑、后退跑；按路线可分为直线跑、曲线跑、往返跑；按同伴互助形式可分为协同跑、追逐跑、接力跑；按速度可分为慢速跑、快速跑、变速跑；按坡度可分为上坡跑、下坡跑；按方向可分为定向跑、四散跑。

小班幼儿跑时，已有明显的腾空过程。由于肌肉收缩能力和神经控制能力较差，所以步子小而不均匀；上下肢动作配合不协调；身体不平衡，动作摇摇晃晃；不易立刻停下来，控制不好速度。喜欢玩简单的追逐跑游戏，可以练习听信号立即停止以及转弯跑能力。

中班幼儿跑时，动作已明显地协调、自然，能按信号改变跑的方向和速度，能进行躲闪。快跑时有明显的蹬地动作，步子也较大，但在追逐游戏中易出现姿势变形的问题。

大班幼儿跑的能力已大大提高，动作比较协调、灵活，能跑一段较长的距离。在障碍跑活动中，能自如地向前跑、侧身跑；可以跟着简单的音乐节奏跑、后退跑、跨栏跑、高抬腿跑，可以躲避他人滚过来的球或投掷来的沙包。

（3）跳跃

跳跃可以增强幼儿腿部肌肉力量，发展幼儿弹跳能力及身体的灵敏性和协调能力。跳的运动强度较大，夏天可安排在早晨，而春秋及冬季可以安排在上午或者午睡之后进行。跳的动作按路线及方位不同可分为原地纵跳、原地转体跳、向前跳、向后跳、向侧跳、变向跳、向上跳、向下跳；按次数可分为单次跳、多次跳、连续跳；按跳跃的支撑方式不同可分为单腿跳、双腿跳、单双腿交换跳、跨跳、手臂支撑跳；按人数可分为单人跳、双人跳、多人跳。

小班幼儿掌握跳的动作比较困难，两脚不会同时离地，手脚动作不协调，跳得不高，落地较重，不会缓冲。小班是发展跳跃能力的重要启蒙阶段，以双脚跳为主。

中班双脚跳跃动作稳定，可逐渐过渡到单双脚交换跳，单脚连续向前跳5米。

大班幼儿对跳跃动作较有兴趣，动作的协调性和灵巧性也有所提高，但落地缓冲动作仍需加强，教学中可以采用左右脚交替跳动作，提高落地缓冲能力。

（4）平衡

3—6岁幼儿的神经系统发育尚未成熟，肌肉和骨骼正在生长发育中，感觉、反应都比较迟钝。在改变身体重心时，因肌肉过分紧张，容易出现一些多余动作，不易维持平衡。

小班幼儿平衡能力较差，在走平行线时，往往低头不敢向前看，身体容易左右摇晃，两脚不敢大胆向前迈步，而是一脚跟着一脚地向前蹭。

中班、大班幼儿平衡能力有所提高，游戏时能做些附加动作，上下肢更为协调，动作表现更加自然流畅。

（5）投掷

投掷可以提升幼儿全身协调能力，锻炼双臂和肩部肌肉，促进手眼协调发展。投掷动作按出手方位分为头顶投掷、肩下投掷、肩上投掷、胸前平掷、向前抛滚、胯下投掷、向后抛球；按肢体使用分为单手投掷、双手投掷；按目标可分为远度投掷、准度投掷。幼儿肌肉力量小，关节不够灵活，学习投远、投准都比较困难。

小班能丢沙包让别人接，可以自然地往前上方或远处挥臂掷物。中班能对准方向投球，并可以按来球方向调整身体和手臂的位置去接球。大班可以侧向转体肩上掷远，可以准确地将小物体投进目标物内。

（6）钻爬和攀登

钻的练习可增强幼儿腿部和腰背部的肌肉力量，发展幼儿灵敏性、柔韧性及平衡能力等。钻爬和攀登对幼儿身体素质的发展具有重要价值。可增强幼儿四肢力量、背肌力量及腹部力量。攀登的动作练习能增强幼儿四肢力量，尤其是手的抓握力量，能促进幼儿的平衡能力、灵敏性及协调能力等身体素质的发展。

幼儿最喜爱钻爬动作，对攀登也有兴趣。小班幼儿能力不强，表现有些胆怯，会自然攀上去，但不会下来。中、大班幼儿能力较强，但仍要注意安全。攀登活动应避免组织竞赛，以防幼儿摔伤。

3.各年龄班的教学要求

（1）小班

第一，身体正直、自然，听信号向指定方向走，一个跟着一个走。为了达到这一要求，可以教幼儿做“开飞机”“找玩具”“开火车”“红花献给好妈妈”“跟着小旗走”“吹泡泡”“老猫睡觉醒不了”等游戏，锻炼他们走的技能。

第二，两臂屈肘在体侧，自然地跑。为了达到这一要求，一般可以教幼儿做“小孩小孩真爱玩”“谁能追上老师”“小蝌蚪找妈妈”“找小动物”“送小动物回家”“开红绿灯”“小风车”“看，赶小鸭”等游戏，锻炼他们跑的技能。

第三，自然跳起，轻轻落地。为了达到这一要求，一般可以教幼儿做“长高了、变矮了”“大皮球”“放鞭炮”“小白兔”“小麻雀找食”等游戏，锻炼他们的跳跃能力。

第四，走路时身体左右摇晃。为了达到这一要求，一般用“过小桥”“拾麦穗”“走小路”“小汽车爬坡”等游戏，锻炼他们的平衡能力。

第五，为了培养小班幼儿的投掷能力，一般常做“小猫玩球”“把球滚过门”等游戏。

第六，为了培养小班幼儿钻爬和攀登的能力，一般小班常做“小蚂蚁搬豆”“钻爬洞”“母鸡和小鸡”“小鸡找朋友”“一列火车长又长”等游戏。

（2）中班

第一，屈膝和摆臂动作要协调，落地要轻，要平稳。为了达到这一要求，一般可以教幼儿做“捕蝴蝶”“跳圈圈比赛”“猫和麻雀”“跨大步比赛”“夹包跳”“小伞兵”“跳房子”“小青蛙捉虫”“跳绳”“跳橡皮筋”等游戏，锻炼他们的跳跃能力。

第二，上体正直，步子均匀，上下肢协调，动作自然。为了达到这一要求，一般可以教幼儿做“迷迷转”“送雨伞”“接送娃娃”“过小河”“走钢丝小杂技”“踩竹筒”等游戏，锻炼他们的平衡能力。

第三，为了培养中班幼儿的投掷能力，常做“自抛自接球”“滚球过门”“火箭上天”“相互抛接球”等游戏。

第四，为了培养中班幼儿钻爬和攀登的能力，常做“网鱼”“河里小鱼游”“造大桥”“龟兔赛跑”“连环套”“翻饼”“猫捉老鼠”和“小猴摘桃”等游戏。

（3）大班

第一，步伐均匀，一队一队有精神地、整齐地走；听信号变换方向走。

为了达到这一要求，一般可以教幼儿做“看谁走得快”“找朋友”“熊和石头人”“我们邀请一个人”“推圈”“石头剪刀布”等游戏，锻炼幼儿走的技能。

第二，进一步纠正跑的姿势，使他们快跑，一次可跑20—30米；跑走交替，一次可跑200—300米。为了达到这一要求，一般可以教幼儿做“邮递员”“穿地道”“各种穿梭赛跑”“绕圈接力”“捉带子”“小鱼网”

“贴人”“老鹰捉小鸡”“滚铁环”等游戏，锻炼他们跑的技能。

第三，跳跃的要求与中班相同。

第四，平衡要求与中班相同。

第五，为了培养大班幼儿的投掷能力，可以教幼儿做“相互抛接球”“拍球接力”“夺球”“小猎人”“打雪仗”“投篮比赛”“套环”等游戏。

第六，在中班的基础上协调灵敏地钻爬和攀爬障碍物。方法与中班相同。

4. 各年龄班游戏特点

（1）小班体育游戏特点

小班幼儿是指3—4岁的儿童成长期早期阶段，此年龄段的幼儿走、跑、跳、爬等基本动作开始出现，幼儿掌握了行走、跑、闪避、扔、停、拐弯、减速等动作，并有所自然发展，模仿能力较强。但小班幼儿体力还比较弱，各项基本动作还没有正确掌握，不够协调与准确；平衡能力差，活动不自如；喜爱模仿，注意力不易集中。他们对游戏中的动作、角色、情节很感兴趣，但是对游戏的结果不大注意。小班游戏动作内容少，每个具体游戏的动作一般也是1—2个，动作比较简单。如跳跃游戏主要是双脚向下跳和双脚向前跳，平衡游戏也仅是窄道走和原地旋转，投掷游戏主要通过双手用力将球抛向身体的前、上、后方。

根据幼儿身体发展需要，宜多选一些以跑、跳为主要内容的游戏，活动方式主要是同时做相同的动作，这既便于相互模仿，又便于组织指导。可以以模仿性、故事性游戏为主，游戏情节简单，角色都是1—2种，角色关系基本上是一致的，大家共同完成一个任务。例如“捉老鼠”“看谁能追上我”等有对抗角色的游戏，一般是以教师为一方，起着主导作用，幼儿为另一方。游戏的规则要简单，很多规则是游戏情节的组成部分。如幼儿对“老猫睡觉醒不了”游戏中的老猫比较熟悉，对老猫睡着了以后、小猫偷偷跑到外面去藏起来的情节和动作感兴趣，但对躲藏的具体位置及能否藏好并不在意。因此，小班幼儿的体育游戏内容、情节简单，角色也少，有时甚至是集体做同一动作。例如，做“找找小动物”的游戏，幼儿听到信号后，就一起跑到某一小动物“家”里。有时，小班幼儿的游戏规则就是游戏的内容。小班游戏规则的限制性小，一般不出现“退出游戏”或“停止一次游戏”这样惩罚性的规则。

（2）中班体育游戏特点

中班游戏动作内容丰富。中班幼儿体力有所发展，动作有了明显的进步，比较协调和灵活；平衡能力和独立活动能力有很大提高；空间知觉也明显增强，能辨别方向，注意力较易集中；能控制自己并能自觉遵守游戏规则。随着活动能力的提高，对周围环境的认识领域扩大，他们比较喜欢有情节、有角色、具有追逐性的游戏，而且注意游戏的结果。游戏中的动作、情节和角色比小班复杂，还增加了一些无情节、只为完成某项任务的游戏（如“看谁投得远”“钻圈移物”等）和一些分队进行的竞赛性游戏。游戏的规则比较复杂，带有限制性。例如，“老狼老狼几点了”的游戏，有走、奔跑、追逐和躲闪等动作，要求幼儿能够控制自己害怕被捉到的情绪，勇敢地向前走，同时还要密切注视老狼的动作，倾听老狼的回答，只有当听到“天黑了”的信号时，才能迅速转身跑回家，并要躲闪追逐者。开始时，中班幼儿可能会不惜力气地抓住某一个幼儿，而不去追离自己最近的幼儿，教师应注意及时引导。

为了促进幼儿的身体全面发展，跳跃类下肢游戏和投掷、球类上肢活动为主的游戏应适当增多。如跳跃游戏除有双脚向下、向前跳外，还有双脚向不同方向的跳跃，单脚起跳的跳跃和夹包等动作。平衡游戏出现了多种移动方式的窄道移动、快跑突停和单脚站立这样的静力性平衡游戏。游戏队形应多样化，练习方法有同时练习、依次练习、巡回练习等。大多数游戏都有竞赛内容。有情节游戏的题材内容有明显的变化，反映社会现象的题材增多了。角色的种类可增加到3个以上，角色关系变得复杂了，像“鱼”和“虾”游戏就有“鱼”“虾”“石头”三种角色，“虾”和“石头”的关系是一致的，“虾”和“鱼”是对抗的，“鱼”和“石头”是不一致的。规则的限制性加强了，就有了惩罚性规则。夹包、翻饼烙饼一类小组游戏的兴起，以适应培养幼儿独立性、主动性、创造性的需要。

（3）大班体育游戏特点

大班幼儿比小、中班幼儿身体壮实，精力充沛，已能熟练地掌握各项基本动作，动作更加协调有力、灵活自如。在正确的教育下，他们对周围生活已有一定的见解，知识范围比中班幼儿更大，观察、分析和理解能力有了显著提高，开始具有组织和控制注意力的能力，具有一定的责任感，喜欢有胜负结果的游戏。所以，大班游戏动作增多变难，活动方式变化多样，游戏竞赛性增强，情节和角色之间的关系更为复杂。

主要变化有以下几个方面：对智力活动要求高了，除“人、枪、虎”这样有明显的智力竞赛性质的游戏外，其他像“山沟里狼”“猫捉老鼠”一类游戏都需要幼儿积极动脑筋、想办法、发挥主动性、创造性；对协同活动能力要求高的游戏增多了，像“两人三足”“小鱼网”“老鹰捉小鸡”“钻山洞”等游戏都要求幼儿很好地协调配合；球类游戏增多，跳房子、踢瓦片一类连续性游戏出现。游戏题材的重要发展是反映社会现象的游戏明显增多，而以动物为题材的游戏数量减少了，有些游戏的角色变化不稳定了。像“贴人”，追者和被追者是不断变化的，“人、枪、虎”游戏的角色通过猜拳决定，这对幼儿的注意力、反应力要求提高了。随着幼儿游戏活动能力的不断提高，以及小学和幼儿园联系的加强，学龄儿童常常自发地将游戏传到幼儿园大班，有的游戏被简化，有的原样不动，教师要帮助幼儿选择适合他们的游戏。

二、幼儿体育游戏的结构

游戏的结构是指构成游戏的各个成分，以及各成分之间是怎样相互联系和相互影响的。游戏结构是不断变化发展的，由简单到复杂，由不完善到比较完善。游戏的动作、情节、规则等成分虽然有很大的可变性，但也有一定规律可循。掌握了游戏的结构及其变化的规律，就能更好地创编和改编游戏。

幼儿体育游戏结构是由游戏的任务、内容、组织活动方式、练习方法、活动条件、游戏情节、规则、结果等成分构成。

（一）任务

游戏的任务在游戏中具有定向的作用，是确定内容、活动方式、规则等的主要依据。幼儿体育游戏的任务是不断发展和变化的。由传统的健身、益智、育德、娱乐等目标，拓展到培养创造力、竞争力、社交能力；由过去以基本动作为主到现在提高身体素质和踢球、投球、击球等运动。

（二）内容

游戏的内容包括动作、知识、品德和智力教育等，它是实现游戏目标的关键载体。幼儿体育游戏的任务主要是通过内容来实现的。幼儿体育游戏主要由五类动作构成：发展基础运动能力的动作，包括走、跑、跳、投等基本动作和提高身体素质的动作；简单的运动技术，如球类、体操等运动项目的基本技术；体育游戏本身所特有的动作，如夹包、踢毽子、跳皮筋等；模拟动作和简单的舞蹈动作；生活动作，如穿衣、背物等。

（三）组织活动方式

幼儿体育游戏的活动组织方式包括游戏队形、分队、分配角色、启动和结束动作。游戏队形是游戏者在游戏时形成的队形，如站成一个圆圈。它是根据游戏动作、练习方法、角色活动、游戏人数、场地、器械条件等因素设定的；分组、分队和分配角色由分配人、分配方法和分配方式等因素构成；启动活动由发出信号人、启动信号、接收信号人等成分构成。其中启动信号可以是视觉信号、听觉信号、触觉信号、综合信号，也可以是语言文字信号等；结束活动则由结束信号和总结、放松等收尾活动构成。

（四）练习方法

幼儿体育游戏的练习方法由重复做规定动作的活动和有一定教育目的的附加措施构成，是决定游戏效果的重要因素。练习方法一般可分为模拟法、竞赛法、变化条件法、循环练习法等。各种方法都是按一定的规律在发展的。在练习的顺序上可采用同时练习或相继练习。

（五）活动条件

活动条件是指幼儿体育游戏赖以进行的物质条件，包括场地、器械和玩具等。器械和玩具在幼儿体育游戏中具有双重性质，它们既是物质条件又是动作对象。游戏场地是游戏活动的必要条件，它对锻炼身体的效果、动作性质和活动方式都有直接的影响，是体育游戏的物质基础。场地不同，也会影响练习的性质与任务的完成情况。

（六）游戏情节

幼儿体育游戏情节是根据游戏的动作和活动方式的特点而构思的，在游戏中主要起增加游戏趣味性的作用，是活跃的结构成分。情节具有激发兴趣的动力作用和教育作用。它可根据需要做多种多样的变化：有的反映自然现象、社会生活场景；有的利用儿童生活；也有的是利用成人生活或动物生活为情节。同一个游戏可以采用多种情节，由某一动作或活动方式所构成的游戏也可以采用多种情节。

（七）游戏的规则

幼儿体育游戏规则是游戏的重要组成，它具有组织、教育和保证的作用。规则从属于游戏内容、活动内容、活动方式和情节等成分，随着上述成分的变化而变化，也随幼儿年龄变化而变化。游戏的规则具有很大的灵活性，具体游戏规则可根据任务和幼儿情况灵活调整。

（八）游戏的结果

游戏的结果反映游戏任务完成的情况，要从幼儿在游戏过程中机体运动负荷量、斗争发展品德表现、智力是否得到发挥、是否受到启迪等方面来评价。分出胜负是游戏的结果，但它只是竞赛性游戏结果的一部分。不同游戏、不同教育方法，其结果是有很大差异的。

三、幼儿体育游戏的分类

（一）游戏的分类

游戏一般分为两大类，即发展智力的游戏（主要包括文字游戏、图画游戏、数字游戏等，大都属于文化娱乐）和发展体力的游戏（体育活动内容）。通常幼儿园及学前教育机构根据游戏的教育作用分为创造性游戏（角色游戏、结构游戏、表演游戏）和有规则的游戏（智力游戏、体育游戏、音乐游戏）。

1.学校体育中的体育游戏分类方法

学校体育把体育游戏看作一种综合性的体育手段，分类方法也多种多样。各种不同的分类方法，都根据运用的需要来选择不同的游戏。因此，可以说分类具有多样性。例如，按游戏形式进行分类有接力游戏、追逐游戏、角斗游戏、攻防争夺游戏、传递抛接游戏、集体竞技游戏等；按身体素质进行分类有速度游戏、力量游戏、灵敏游戏、耐力游戏等；按基本活动技能进行分类有奔跑游戏、跳跃游戏、投掷游戏、攀爬游戏等；按运动项目进行分类有田径游戏、体操游戏、球类游戏、游泳游戏等；按游戏参加者的年龄分类有幼儿游戏、儿童游戏、少年游戏、青年游戏、中老年游戏等。在教材《体育游戏》中，把体育游戏分为集中注意力游戏、活动性游戏、放松游戏、室内游戏和野外游戏五大类。

2.幼儿园体育游戏常用的分类方法

幼儿园一般按人体基本活动技能和能力，分为走、跑、跳、投的游戏，钻、爬、平衡的游戏及球类等综合性游戏；还可以分为室内游戏、室外游戏、民族民间游戏等。本书选择游戏时，把游戏分为成人游戏和幼儿游戏，再按基本活动技能分类选择具体的游戏，以突出学前专业的学习重点，适应幼师生教与学的需要。

游戏的类型丰富。按照幼儿对游戏的体验分类，可分为机能游戏、想象游戏、接受游戏、结构游戏；按照幼儿在游戏中人际关系分类，可分为独自游戏、平行游戏、联合游戏、协作游戏；按照幼儿智力的发展阶段分类，可分为感觉运动游戏、象征性角色游戏、有规则的游戏；按照游戏的教育作用分类，可分为创造性游戏（角色游戏、结构游戏、表演游戏）和规则游戏（智力游戏、音乐游戏、体育游戏）。

（二）体育游戏的分类

体育游戏按人体基本活动能力分类，可分为行走类、奔跑类、跳跃类、支撑类和负重类。按提高身体素质的任务分类，可分为力量类、速度类、耐力类、灵敏类和柔韧类。按运动项目分类，可分为田径类、体操类、球类、游戏类等。按课的结构分类，可分为准备部分的集中注意力类、基本部分的提高兴奋性类、结束部分的整理与放松类。按活动的形式分类，可分为角力类、追拍类、接力类、变异类和综合类等。

（三）幼儿体育游戏的分类

与其他分类体系一样，幼儿体育游戏分类也是为了适应体育教学和体育研究游戏规律的需要。而且幼儿园的体育游戏在活动形式与内容上不可避免地会与其他身体游戏相互交叉。体育游戏的分类方法很多，有的是把体育游戏分为教学游戏（偏重教学指导）、素质游戏（偏重素质锻炼）、活动游戏（偏重活动娱乐）三类。幼儿体育游戏的内容丰富多样，形式多样，依据不同标准，分类方法也有所不同。

按游戏组织形式，幼儿体育游戏可分为集体游戏、分类游戏、班级游戏、小组游戏、个人游戏。

幼儿体育游戏按人体基本活动技能和能力，可以分为以下几类：

第一，走路的游戏。如“气球与蜗牛”锻炼小班幼儿走圆圈的能力；“高个子矮个子”提高中班幼儿蹲走能力；“赛龙舟”提高大班幼儿集体协调能力，锻炼腿部力量。

第二，跑的游戏。如“小树叶来追我”练习小班幼儿直线跑，体会让树叶飘起来的感觉；“提物跑”锻炼中班幼儿手臂力量，提高身体跑动时的协调性；“扎红领巾”练习大班幼儿快速启动、高重心的急停，以及用手扎解红领巾的技术。

第三，跳的游戏。如小班幼儿双脚跳“放鞭炮”“小白兔采蘑菇”，中班幼儿单脚跳“跳房子”以及大班幼儿“斗鸡”“编花篮”等。

第四，投掷游戏。如“收粮食”练习小班幼儿两人近距离用双手互相抛接沙袋，提高同伴间的配合能力；“看谁投得远”练习中班幼儿手眼的灵活性，锻炼手指的控制能力；“龙尾避球”练习大班幼儿投移物体的技能，提高躲闪能力，锻炼灵敏协调性。

幼儿体育游戏按游戏性质可以分为以下几类：

第一，规则性游戏。中班、大班规则性游戏较多，例如：交通规则游戏“红绿灯”。

第二，主题性游戏。如大班主题性游戏“寻宝”中，随着“炫彩卡通”主题的深入开展，喜羊羊、白雪公主、铠甲勇士、孙悟空……通过游戏活动，发展幼儿平衡、钻爬协调能力。在游戏活动中可以克服困难，体验户外体育游戏带来的快乐。积极参与寻宝游戏，与同伴积极协调配合，商量解决游戏活动中遇到的问题，共同寻宝。

第三，探索性游戏。如游戏“罐乐子”，幼儿对易拉罐非常感兴趣，试将易拉罐叠高，探索叠高过程中保持物体平衡的方法。

第四，表演性游戏。如游戏“雪孩子”，进一步扩展幼儿的生活经验。通过角色扮演，培养幼儿按意愿独立地确定游戏主题，对表演游戏形成浓厚的兴趣。

幼儿体育游戏按素质锻炼重点，可以分为以下几类：第一，力量游戏，如“我们邀请一个人”；第二，平衡游戏，如“雪人游戏”；第三，灵敏和速度游戏，如“冻冰—哧溜滑”；第四，循环式体能游戏。

幼儿体育游戏按使用的器械，可以分为以下几类：

第一，小型器械游戏，如用球、圈、沙袋进行的游戏；第二，中型器械游戏，如垫子、梯子、绳子、轮胎、平衡板、木板、小车进行的游戏；第三，大型器械游戏，如用攀登架、沙池、游泳池等进行的游戏。

幼儿体育游戏按有无运动器械，可以分为徒手游戏、器械类游戏。按课的类型可分为如下几类。

第一，模仿性游戏。多用于小班，幼儿通过模仿各种动作，达到锻炼基本动作的目的。例如，小班体育游戏“小白兔”，幼儿模仿小兔跳的动作，训练双脚向前跳的技能。这种体育游戏常伴有儿歌、音乐。

第二，有主题情节的游戏。小中大班均适用，这种游戏的特点是有角色，有开始、发展、结束的游戏情节。游戏有不同的难易程度，各班都能进行。例如，小班的“麻雀和汽车”“老猫睡觉醒不了”，中班的“蝴蝶和小猫”“鱼和虾”，大班的“小青蛙捉害虫”“老鹰捉小鸡”等。

第三，竞赛性游戏。中班选用，大班运动较多，这是互相比赛分出胜负的一种体育游戏，一般分队进行，如“插红旗”“小马运粮”等。由于竞赛性游戏强调结果的胜负，而小班幼儿还不太懂，兴趣只在游戏动作和过程本身，所以一般不选用在小班游戏中。中班幼儿开始注意到游戏的结果，并逐步产生比赛的兴趣，对竞赛性游戏有所理解，因此从中班开始选用，到了大班逐渐增多。

第四，躲闪性游戏。这种游戏适合中大班，对训练幼儿的动作灵敏性作用较大。参加游戏的幼儿为了保持优势而不被淘汰，就必须灵活地躲闪，如中班的“捕小鱼”游戏。由于这类游戏对各种动作技能要求较高，躲闪时不仅要迅速跑步、转身、设法避开，还要注意不碰撞其他同伴，因此，适合中大班玩。

第五，球类游戏。适合小中大班，如滚球、拍球、抛接球、击木柱、投篮、踢足球、打乒乓球等。随着幼儿年龄的增长，由易到难地组织幼儿开展各种球类游戏。

第六，民间体育游戏。适合小中大班，指民间世代相传的一些小型体育游戏，如跳房子、踢毽子、跳橡皮筋、跳绳、夹包、吹羽毛、翻饼等。

幼儿体育游戏按季节可以分为四类：

春季游戏，如游戏“放风筝”中，介绍了冬爷爷送走了大地的严寒，春姑娘踏着轻盈的脚步来到了人间。在湛蓝的天空中，风筝可真多，有仙鹤、蜈蚣、鹦鹉等。通过体育游戏，锻炼孩子手脑协调能力，促进孩子大脑发育和想象力。

夏季游戏，如游戏“小青蛙回家”中，介绍了夏季是青蛙欢快唱歌的季节，幼儿通过游戏，体验水中游戏的乐趣，克服恐惧心理，愿意大胆尝试、细心观察并能准确跳跃，提高身体平衡能力和四肢协调能力，在感受炎热夏季的同时，与游戏同欢乐。

秋季游戏，如游戏“采蘑菇比赛”“收粮食比赛”，介绍了秋天是收获的季节，通过游戏，训练幼儿的手臂力量，提高同伴间的配合能力，体验成功收获的满足感。

冬季游戏，如“装扮雪人”的游戏，在寒冷的冬季，幼儿要学会采取防寒措施，通过装扮雪人，体验关心、帮助别人的快乐。又如“疯狂雪爬犁”的游戏，锻炼幼儿雪地奔跑能力和肢体平衡能力，学会控制雪爬犁，体验团结合作取得胜利的快乐。

四、不同年龄段幼儿体育游戏特点

（一）小班幼儿体育游戏的特点

在身体和动作发展方面，小班幼儿体力和身体素质都比较薄弱，大肌肉群发育不太完善，各项基本动作都还没有正确掌握，动作缺乏协调性和准确性，平衡能力差，活动不自如。其心理特点是喜爱游戏，好模仿，注意力不集中。他们对游戏中的动作、角色、情节都很感兴趣，但是对游戏的结果不太注意。

第一，小班游戏动作少。第二，单一角色（一般由教师担任另一角色），如“小孩小孩真爱玩”的游戏，要求幼儿以同样的动作达到某一地点，完成同一任务后再跑回来。第三，规则简单（规则的限制性较小，一般也没有惩罚性规则），如“老猫睡着了，小猫再出去玩；老猫醒了一叫，小猫就回来了”。这既是游戏内容也是游戏规则。第四，游戏中逐步加入竞赛、协作等元素。

（二）中班幼儿体育游戏的特点

在身体和动作发展方面，中班幼儿的身体素质有所发展，比小班幼儿更协调自如，平衡能力和独立生活能力也有很大提高。中班幼儿智力进一步发展，空间知觉能力也明显增强，能辨别方向，注意力比小班集中，可以很好地遵守游戏规则。中班幼儿更喜欢有情节、有角色、有追逐的游戏，可以理解更复杂的游戏规则、动作内容和情节，对游戏结果有所注意。

第一，角色、动作增加，关系开始复杂化。第二，题材中反映社会生活的内容增加，假扮动物的内容减少。第三，规则的局限性加强，有了惩罚新规则。第四，结伴游戏、小组游戏、竞赛性游戏增加。例如，“齐心协力”的游戏要求与伙伴相互配合，体验合作的快乐，培养遵守游戏规则的意识。

（三）大班幼儿体育游戏的特点

大班幼儿比小班和中班幼儿身材更壮实，体力更充沛，在两年学习的基础上，已能熟练地掌握各项基本技能，动作更加协调有力。在正确教育下，他们对周围生活已经有了一定的见解，知识范围扩大了，观察分析和理解能力有了显著的提高，开始具有组织能力和控制注意力的能力，增加了责任感，更喜欢竞赛性有胜负的游戏。

在大班这个阶段，竞赛性游戏增多，游戏的规则、动作和情节难度增大，往往需要幼儿克服一定困难之后才能达到游戏的目的，游戏的情节和角色之间的关系更为复杂。相比小班和中班，大班的特点如下：

第一，智力活动的要求增加。例如“抓尾巴”（两人相对，把对方身后的“尾巴”抓下者为胜）和“贴烧饼”（全体幼儿两人一组结伴面对圆心站，两个被指定者一追一逃，逃跑者背面贴住任何一组的圈内一人或正面贴住任何一组的圈外一人，该组的另外圈外一人或圈内一人便立即成为新指定的逃跑者，逃跑者被捉住后与追逐者交换角色）游戏活动中，就需要有快速判断决策和反应的能力以及迷惑对手的能力。

第二，协同活动的要求增加。例如“钻山洞”“老鼠笼”，这两个游戏都需要由幼儿手拉手搭建成山洞和老鼠笼，其他角色从其中钻进钻出，待儿歌结束或听到规定信号山洞坍塌或笼门关闭，将可以困住的进出者困住。这些游戏都需要每一参与的幼儿具备良好的协同活动能力。

五、幼儿体育游戏的选编

随着《幼儿园工作规程》的颁布以及《纲要》的出台，“幼儿园以游戏为基本活动”的观念已深入广大幼儿教育工作者，而幼儿体育游戏对于改变我国幼儿园长期以来重上课、轻游戏的现象具有重要意义。幼儿体育游戏是幼儿园体育活动中最主要的内容，它是以基本动作为主要内容，以游戏活动为形式，以增强幼儿体质为主要目的的一种活动。

在幼儿园，由于每个年龄段、每个班级、每个幼儿的身体和心理发展水平不同，每个地区的环境条件也不同，在开展幼儿园体育活动中，因地制宜、因人而异创编（包括改编）和指导幼儿体育游戏就成为教师的主要任务。而教师只有具备了体育游戏创编和指导的专业技能，才能更好地发挥体育游戏的功能，促进幼儿身心和谐发展。一个希望不断提升自身创造力和促进儿童创造性发展的幼儿教师是不会仅仅满足于使用现成的体育游戏的，因此也就需要了解创编或改编体育游戏的一般思路。

（一）幼儿体育游戏的选择

1.制定目标

制定游戏目标是幼儿体育游戏创编最重要的一环。长期以来，在幼儿园体育游戏创编和指导中，存在着只重视内容、形式，而忽略目标，或者先选内容再定目标的现象，从而使幼儿体育游戏活动产生了极大的盲目性。

首先，必须从幼儿已有的水平出发，最终促进幼儿达到新的发展水平。其次，目标内容应从幼儿的活动参与（态度）、身体发展（技能）、心理健康（情感）和社会适应四个方面来选择确定，避免单纯以身体发展为唯一目标，以及太抽象、太笼统、不具体、不切实际的要求。再次，应尽量运用幼儿体育活动时的行为来表述目标。如中班“拍球比多”游戏的目标是体验和感受球性，尝试单手连续拍球的方法，感受拍球比多的快乐，培养玩球的兴趣。

2.幼儿体育游戏活动内容的选择

幼儿体育游戏以身体活动为主要内容，它包括走、跑、跳、投、钻、爬、攀登、各种滚动等基本动作；利用各种球、绳、圈、棍、沙包、钻架等大、中、小型运动器械的体育游戏活动；利用水、土、沙子、石头、冰雪、山坡、田野等大自然环境开展的各种体育游戏活动；各种舞龙、斗鸡、跳竹竿、荡秋千等民族、民间地域性体育游戏活动。

3.确定设计方法

幼儿体育游戏设计可以从角色、情节入手，结合开始信号、动作过程、结束姿势、游戏规则等进行幼儿体育游戏设计。

（1）情节

情节也可以成为体育游戏的方法，可以以幼儿熟悉的生活为题材，如“妈妈找宝宝”“给小动物喂食”“郊游”等。也可以用电视、电影、画报、画刊中的童话故事为题材，如“猫头鹰抓田鼠”“小伞兵跳伞”等。还可以以社会中的各种活动为题材，如“小小侦察兵”“抗洪救灾”

等。值得一提的是，部分体育游戏没有复杂的情节，甚至没有任何情节：一名幼儿坐在滑板上，另一名幼儿在其背后推着走；两名幼儿相互做石头、剪子、布的动作。这类体育活动，虽然没有情节，但是它们确实具有身体活动的玩法，因此，也可称为体育游戏。

（2）角色

角色是幼儿在体育游戏中不可缺少的重要部分。在比较简单的幼儿体育游戏中，可以只设计一个角色；在较复杂的体育游戏中，也可选择多个角色。角色选择可以让幼儿自己承担，也可以赋予其各种不同的名称，如动物类的小白兔、大灰狼、大象等；各种人物名称，如爸爸、妈妈、侦察兵、机器人等；各种物体名称，如雪花、汽车、小树等。角色安排方面，可以设计同一角色或不同角色共同完成一个任务，如"小小送货员"：全体幼儿都扮送货员，拖着车把"货"（水果、蔬菜）送到各个"商店""学校""医院"等地方。也可以选择不同角色相互对抗，如"坦克兵与投弹手""小猫抓鱼"等。

分队和分配角色由分配人、决定分配人的方式和分配角色的方法等因素构成。常用的方法有指定法。指定法有两种：由教师指定和由游戏中的分配人指定。教师指定法的优点是有利于贯彻分配角色的原则而且简便省事，常用方法有直接指定法、暗中指定法和儿歌法。决定游戏中的分配人一般有以下几种方法：教师指定分配人；幼儿推选分配人；由上一次游戏的主要角色当分配人；由上一次游戏获胜者当分配人；由某个幼儿学习小组的组长当分配人。

民主法，即由游戏者民主推选主要角色。这种方法能培养幼儿的民主精神，反映游戏者的集体意愿，但有时会因为意见不一致而耽误时间。

随机法常用方法有报数法、抽签法和游戏法3种。

猜拳法包括石头剪刀布、手心手背、单数双数等。

轮流法即由游戏者轮流当主要角色，能普遍满足幼儿当主要角色的愿望，增强幼儿责任感，培养幼儿组织能力。

（3）体育游戏起动信号的设计

启动活动由启动人、启动信号和接收信号人三个因素构成，其中启动信号的设计最为重要。常见方法有发令法、问答法、儿歌法、猜拳法和乐曲法。

（4）体育游戏竞赛方法的设计

接力法是最常用的竞赛形式，主要有回转式、穿梭式和环绕式三种形式。

捕捉法是一种游戏者直接对抗的竞赛活动形式。有以下设计角度：从捕捉双方的关系切入设计；从捕捉双方的人数切入设计；从捕捉活动的目标切入设计；从捕捉活动的条件切入设计；从捕捉活动的解救措施切入设计。

争夺法一种是围绕争名次、分输赢展开；另一种是围绕争夺某一物品、某个区域或位置展开的竞赛活动，有更强的对抗性。前者设计比较简单，可采用时间指标衡量速度，也可以用数量指标比较达标的人数或完成动作的质量等。可以采用双方同时演练同一动作进行比赛的竞赛形式，也可以采用双方相继演练同一动作进行比赛的竞赛形式。后者的设计，可以让游戏者斗智比速，用机智和速度来夺取胜利，也可以让游戏者角力比勇，通过力量和勇气的较量来获得成功。

（5）体育游戏儿歌的编写

体育游戏儿歌的内容包括游戏动作方法、游戏活动内容以及对游戏情节和游戏活动本身的描述等。编写体育游戏儿歌的一般原则和要求有：内容健康，具体形象、浅显易懂，节奏明快、合辙押韵，同时要能表现体育游戏的特点，有反映游戏动作和活动内容的成分。

（6）规则

游戏规则具有组织教育及保证游戏合理、公正开展的作用。它从属于游戏的内容、情节和角色等。幼儿体育游戏规则随着年龄及动作要求的变化而变化，具有很大的可变性和灵活性。小班幼儿不注意、不重视规则，常常以游戏方法及活动内容代替游戏，如拖、推着各种玩具走各种弯弯曲曲的路，拖着玩具走路既是方法又是规则。而中班、大班可以逐渐增加规则数量和难度要求，如走过平衡木时必须两臂侧平举、头顶沙袋；如果沙袋掉地，必须原地捡起，放回头顶，才能继续走平衡木，否则暂停走平衡木一次。

（7）环境

环境是重要的教育资源，应通过环境的创设和利用，有效地促进幼儿身心发展。幼儿园内的户外草地、塑胶地、土坡、沙池、水池、投掷墙、攀岩墙，室内大教室等各种场地的空间和设施，各种购置和自制的大、中、小型运动器材等，都是幼儿体育游戏环境创设的资源。这些资源通过教师的设计和动手布置，就构成了体育游戏环境，而环境创设“应有利于引发、支持幼儿的游戏和各种探索活动，应有利于引发、支持幼儿与周围环境之间积极的相互作用，有效地促进幼儿发展”。在环境创设中，应充分利用场地和运动器材使幼儿体能得到发展，使锻炼身体的积极性、主动性得到激发。环境创设应贴近幼儿的生活，被幼儿理解和接受。

4.撰写文字和画场地示意图

幼儿体育游戏构思后，就要动手撰写文字和画场地示意图了。幼儿体育游戏一般应从以下几个方面着手撰写：

第一，游戏名称。幼儿体育游戏的名称应该生动、直观、形象，符合幼儿认知水平，并具有体育特征。如“小马运粮”，“小马”是幼儿所熟悉的角色，“运”是所要做的动作，“粮”是小马要运的物品。

第二，游戏目标。根据游戏方法和内容，指出重点发展的某项身体动作，提高某项运动技能或身体素质，培养某种个性和品质等。

第三，游戏准备。游戏准备即游戏前的准备工作，它包括器材名称、数量及安排，场地布置、划分，辅助器材的布置等。游戏准备要写得具体和全面。

第四，游戏方法。游戏方法是游戏过程中的重要部分，游戏应该集合成什么队形、分成多少人一队、开展游戏的具体方法和结果以及游戏从开始到结束的顺序等等，都要表述完整。

第五，游戏规则。游戏规则应力求简单、具体、明确，有利于游戏的开展与进行。如“猫头鹰抓田鼠”中，幼儿跳跃时进入“小河”，则要回到起点重新出发；如果被“猫头鹰”抓到，就只能走到“猫头鹰”的家里蹲下，不能再跑了。

第六，注意事项。注意事项主要说明教师组织指导时的要点和要求，游戏中必须注意的安全措施，游戏变化的方法等。如跳树桩游戏，可在空罐外包一层木纹纸，以增加真实感和游戏趣味性；在幼儿自由排列树桩时，教师可参与或提建议，以帮助幼儿将树桩排列得更合理、更稳妥；体弱、胆小的幼儿在跳树桩时，教师要加强鼓励和指导，随时注意幼儿的安全。

第七，画场地示意图。画场地示意图主要是说明活动场地的形状、大小，器材的摆放位置与方法，幼儿游戏队形、路线以及教师站立位置等。

（二）幼儿体育游戏的创编及改编

1.幼儿体育游戏创编原则

（1）锻炼性原则

体育游戏不同于一般性游戏（如角色游戏、娱乐游戏等），它以增强幼儿体质为主要目标。因此，创编幼儿体育游戏时，应考虑以下几点：

首先，必须有某些基本动作。将1—2个基本动作渗透到游戏的情节中，如“小蚂蚁运粮”，即让“小蚂蚁”（幼儿）背驮沙袋从场地的一端爬到另一端。

其次，要有一定的运动负荷量。游戏活动中，要充分利用宽大的场地、数量充足的运动器械，尽可能采用共同活动和鱼贯活动方式，保证幼儿实际活动的时间。

最后，充分利用运动器械以及草地、树林等自然环境。体育游戏一般可选用1—2件运动器材，使幼儿活动更有兴趣，也可提高幼儿使用器械的能力。体育游戏还可以与自然环境中的草地、树林等有机结合，使幼儿的活动充满生机，并将大自然与体育游戏融为一体。

（2）趣味性原则

体育游戏的趣味性是体育游戏具有生命力的主要因素。因此，应选择幼儿熟悉和喜爱的角色，安排简单有趣的情节，使孩子对体育游戏感兴趣。教师要不断地收集体育游戏素材，积累创编和运用体育游戏的经验，通过各种角色的吸引、运动器械的创新和多变，以及游戏方法和规则的推陈出新，创编出丰富多彩、新颖有趣的体育游戏。

（3）教育性原则

体育游戏的重点及开展体育游戏的过程应该渗透各方面的教育。要使幼儿的认知能力得到发展，并不断培养幼儿服从集体、遵守规则、团结合作的意识和行为，以及勇敢、大胆、诚实等优良品质。

（4）安全性原则

由于幼儿控制自己行为的能力较弱，容易受无关刺激的影响而发生事故。因此，在创编幼儿体育游戏内容时要考虑各种安全因素。活动的范围要适当，既不能太大又不能太集中；内容的安排上，不要出现跑步后立即做爬行或平衡的动作；往返的路线、投放的器械不能太拥挤，要避免造成碰撞等。

（5）发展性原则

由于3—6岁的幼儿在身体、心理等方面的发展具有明显的差异，他们在体育游戏活动中表现出来的行为也大不相同，因此在创编体育游戏时可参考表3-4中的内容。

表3-4 不同年龄幼儿体育游戏的基本要求

项目	小班	中班	大班
内容动作	内容简单，动作简单	内容开始复杂，喜欢有情节的游戏和追逐性的游戏	喜欢竞赛性的游戏和内容丰富、将体力与智力相配合的游戏，动作增多，难度增大
情节	简单	复杂性增加	较复杂
角色	少，多为幼儿熟悉的角色	增多	较多，与情节的关系更复杂
规则和要求	简单，不带限制性	较复杂，带有一定的限制性	较复杂，限制性较强
结果	幼儿不太注意	幼儿有所注意	喜欢有胜负结果
活动方式	集体同做一种动作，共同完成一项任务	出现两三个人合作的游戏	合作性游戏增多，增加了组与组的合作

2. 幼儿体育游戏创编的一般方法

（1）模拟法

模拟法是指由熟悉事物的运动方式引起联想的一种方法。如“机器人大战”、“乌龟背来”（沙袋游戏）、“抬轿子”等。

（2）变化法

将熟悉的动作与具体的事物或故事情节联系起来。如同样是“四散追捉跑”，在小班，可以是“大皮球滚掉了”，老师追幼儿扮演的大皮球玩，不太紧张；中班，可以是“老狼老狼几点了”，老师或幼儿扮演大灰狼，追其他问时间的小朋友，有点紧张；大班可以是“石头、剪子、布”，甲乙两组的领袖猜拳，赢的一方全体追捉输的一方。由于幼儿需要对猜拳的结果以及自己究竟是哪一组的成员、应该做出何种反应等问题时刻保持很高的紧张程度，因此能够获得很刺激、很有挑战性的感觉。再如同样是沿圆周追逐跑，最早的传统游戏是“丢手绢”，与其十分类似的“变种”游戏就有“开锁”和“切西瓜”等。

（3）竞赛法

如传统游戏中的“跳房子”“跳皮筋”“沙包击人”等。游戏都具有分组竞赛的性质，因此，对年龄稍大的儿童很有吸引力。

（4）儿歌法

传统的体育游戏常常都是伴随儿歌或歌曲的。如“伦敦大桥”、“小鱼游”（伴随钻山洞）、“老鼠笼”儿歌（伴随同名游戏）、“编花篮”儿歌（伴随同名游戏），各种歌曲或儿歌伴随跳皮筋游戏等。

（5）组合法

将各种动作、器械、情节、角色等因素组合在一起。如“解放军打敌人”可以将走、跑、跳、攀登、钻、爬、投掷等各种动作和比较紧张的音乐组合在一起；“草原小牧民”可以在模仿小牧民的各种游戏（如摔跤）和劳动动作的过程中进行锻炼，同时欣赏藏族、维吾尔族或蒙古族的音乐。

3. 幼儿体育游戏改编的案例分析

（1）模糊竞争法

所谓模糊竞争法，就是要通过淡化竞争的对手，从而追求一种既竞争又合作的宽松氛围，重在让更多的学生都能享受到他们应该得到的运动之乐。

如拔河游戏，我们传统的拔河游戏是画三条平行线，间隔1.5米，中间的一条为中线，两边的线分别为“河界”。把学生分成人数相等的两队，面对面站立，紧握绳子。发令后，双方队员齐心协力地拉。原先游戏规定：“当双方中任何一方把标志带拉过本队的河界为胜，比赛也就宣告结束。”而模糊竞争法则做这样的革新：“如果哪一方将绳拔到自己这方的，将胜线，就必须从自己队员中让出一人（在比赛的进行中，队尾的队员迅速地跑到对方去，帮助对方来拔）。”通过这样一个革新，就会发现，这样的比赛虽然在比竞争，但更比配合，能让更多的学生享受到他们应该得到的运动之乐，同时也更能使学生通过体育游戏加速个体的社会化进程，更好地实现“育人”的综合效应。

（2）逆向思维法

传统的体育游戏过程中常常要求决出最终的胜利者，即明确谁输谁赢。然而，在决出最终优胜者的过程本身必然会产生更多的失败者和落伍者。我们的体育教育实践确实也存在着一些问题，有的学生由于过多地体验了一些毫无意义的失败和苦涩，而产生了失落感和对运动的厌恶感，使不少学生渐渐地远离体育。逆向思维法，就是为了避免造成这种不良倾向，提倡一种“比起竞争，更强调协同；比起争斗，更强调合作；比起模仿，更强调创造；比起能力，更强调表现”的教育理念，即通过改变游戏，重在追求一种没有败者的体育游戏。

如抢板凳游戏，原先的游戏规定是：“几个人围成一圈进行慢跑，圈中有比参与人少一个的凳子，当游戏者听到哨声后迅速去抢凳子，抢不到者被判为失败，被淘汰出场。如此往复，直至只剩最后一个人，即为游戏的最终胜利者。”很显然，这个游戏只有一个人是“最终胜利者”，其余均以“失败”而告终。而逆向思维法则规定：同样是少放一张板凳，但不是没抢到的被淘汰，而是没抢到的要和别人同坐一张板凳，如此往复，最后的结果是参加游戏的同学都要坐在一条板凳上，这样大家都在竞争与协同中享受到运动的乐趣，而且没有“失败者”。

（3）角色平等法

角色平等法就是要让每个学生都有同等的机会来充分进行锻炼，得到相同的表现机会，重在突出教学的民主性与公平性。

如“丢手绢”游戏，有的学生忙得不亦乐乎，乐此不疲，而有的学生却被晾在一边，坐冷板凳；有的学生可能已出来跑了四五趟了，而有的学生可能一次都没跑过，在那里可怜巴巴地坐着，无奈地给别人做陪衬。同理，“贴膏药”游戏也有类似情况。对此，可引入“角色平等法”的教育理念，加上一条特殊的规定，即“每人只能丢（贴）一次”。这样就可使每个学生都有同等的机会来充分进行锻炼，得到相同的表现能力的机会。再如“老鹰”捉“小鸡”游戏，一组里只有一只“老鹰”，一个“母鸡”，大部分学生只能作为“小鸡”在后面跟着，有的学生可能从来都没有当过“老鹰”或“母鸡”，而有的学生则几乎每次都能当上这样的主导角色。为此，可做如下创新以四人为一个活动小组，排头扮演“老鹰”，其余依次为“母鸡”“第一小鸡”“第二小鸡”。游戏规定：“老鹰”只能捉“第二小鸡”，每次捉到后，“老鹰”换扮“母鸡”，“母鸡”换扮“第一小鸡”，“第一小鸡”换扮“第二小鸡”，“第二小鸡”换扮“老鹰”，取消了“小鸡”被捉住后应退出游戏的规定，体现了教学的民主性、公平性理念。

（4）相对“不合理”法

所谓的“不合理”是相对而言的，指的是客观时空上的“不合理”，它追求的是心理、情感体验上的“更合理”。具体而言，就是在游戏的过程中，正视参赛个人或集体在身体素质、技术水平等层面上的不同，通过变换场地、器材、人数、要求等诸多可控因素，从而造就使比赛各方在“综合实力水平上”更趋接近，使竞争更激烈。

例如，在拔河游戏中，可以让力量较大、身高较高的10个人与力量、身高都一般的11或12人进行拔河比赛。这样的游戏不但提高了体质较弱的学生的积极性，使他们有机会取得胜利，获得心理上的“喜悦感”，同时也激发了体质较好的学生，使他们在游戏中必须认真努力，发挥出最佳水平才能获得胜利。

（5）结构改组法

结构改组法指的是通过改组游戏的过程结构，使教学过程更合理、更安全、更科学。

例如，“贴人”游戏，被追者与追拍者在跑动过程中，如果追拍者追不上被追者，那么他总是追拍者，而且人数上变化太慢，这样就会感到没意思了。为避免出现原来的游戏方法中逃跑的人以逸待劳，追拍的人越追越累的“要猴”现象，可以对游戏的结构进行改组，改为“一人追—一人逃—逃跑者贴—被贴者追—原追者逃”的游戏形式，能取得较好的教学效果。

又如“大鱼网”游戏，首先，这个游戏活动范围大、奔跑时间长，很容易造成学生负荷过大。同时，随着人数的不断增多，思想上就不能很好地统一，目标就会不一致，再加上在高速状态下奔跑，中间的一些学生被两头的学生拖拉，肩部很可能受伤。其次，由于网越来越大，网大则移动不便，很难在短时间内把“鱼”捕光。为此，可改组游戏结构，如适当缩小场地和减少结网的人数，一般减至3至5人为宜，当被捕的“鱼”满3至5人时就另外结一个网，再投入捕“鱼”。网小便于捕捉，网多了又便于联合围捕。这样一改，就可以很快将“鱼”捕光，从而控制运动负荷。

（6）改变结束法

改变游戏的结束方式，目的在于使游戏的结束更合理、更安全、更科学、更圆满。

如“大鱼网”游戏，可取消原先“直到把所有的鱼全捕完才宣告结束”的规定。因为“大鱼网”游戏活动范围大、奔跑时间长，容易造成学生负荷过大，学生受不了。为此，可采用限定时间（如2分钟）的方法，以捕“鱼”多的一队为胜。同理，“老鹰捉小鸡”游戏，取消原先要求把“母鸡身后的小鸡全部被捉光后”才宣告结束这一条，改为游戏进行到一定时间，以“小鸡”被捉最少的一队为胜。

通过对体育游戏的创新，能走出游戏教学中“低水平重复”的困境，使游戏常做常新。一线教师应积极发挥主观能动性，给自己的劳动辅以智慧。

（三）幼儿体育游戏创编及改编范例分析

1. 大班体育游戏“打野鸭子”创编及分析

（1）游戏内容

游戏主要进行投准能力和躲闪能力练习。一方模拟野鸭，另一方模拟猎人。猎人扮演者主要练习投球击准，野鸭扮演者主要练习各种躲闪避让的动作。全体猎人围成一个大圆圈，全体野鸭处在大圆圈外。开始时使用一个小排球，可逐步增加到两个或三个。作为猎人者只能在划定的圆圈界线之外投掷，而且只准投掷野鸭扮演者身体的肩部以下。野鸭扮演者被球击中便要立刻退到圆圈以外，若能够用手接住击来的排球，便可以得到“一条命”，退出圆圈外的野鸭可以通过“消耗一条命”方式返回圆圈内继续游戏。两组可以按约定时间交换，并比赛在相等的时间内的各种胜利指标，如哪一组接住更多的球，哪一组击中更多的“野鸭”等。也可以在野鸭组被全部击中后交换角色，比赛哪一组在更短的时间中将对方全部击中，或反过来比赛哪一组能够坚持更长的时间。

（2）分析

该游戏是从传统的“沙包游戏”变换来的，改编之前一组学生围成圆圈充当“猎人”，另一组学生则进入圈内充当猎物“鸭子”，猎人用软排球击打鸭子胸部以下部位，鸭子要反应迅速，躲闪及时，被射中者淘汰出局，两组再轮换。改编以后加入了角色，变换了器械，改变了场地的空间形式。

该游戏中扮演野鸭一方的幼儿可以组合走、跑、跳等移动方式进行躲闪，而且还可以得到抛接球的练习机会。

2.游戏“老鹰捉小鸡”改编及评价

过去玩“老鹰捉小鸡”的游戏，全班幼儿都参加，人多，队也长，玩起来幼儿容易摔倒，而且也比较累。后来改变了一下玩法，孩子们玩得更有趣了。

（1）游戏规则

让全班小朋友围坐成一个大圆圈，选一名小朋友戴上头饰当老鹰，一名小朋友当母鸡，另一名小朋友当大公鸡，其余小朋友都当小鸡。游戏开始了，大公鸡说：“天黑了，孩子们睡觉吧！”小鸡们都趴在椅背上做睡觉姿势。一会儿大公鸡“喔喔喔”地叫了。母鸡说：“天亮了，孩子们起来吧！现在，我要带一些孩子到外面散步，吃小虫子。”小鸡们一个个都坐好，争取让鸡妈妈带出去玩。鸡妈妈说着便走到圈外，唱起来：“小小鸡，叽叽叽，会捉小虫会游戏，快快活活多神气，我爱我的小小鸡。”

鸡妈妈一边唱儿歌，一边依次拍着小鸡，连续拍十只左右的小鸡，被拍的小鸡一个接一个跟在鸡妈妈的身后，（儿歌结束后）鸡妈妈带着这些小鸡，在圈外一边走一边弯着腰，两手指对成尖角放在嘴旁，做捉虫姿势。待老鹰飞来时，鸡妈妈赶紧召集小鸡一个接一个地跟在身后做起“老鹰捉小鸡”的游戏来，被捉住的小鸡停止游戏。当鸡妈妈说：“我的孩子，快回家吧！”小鸡们赶快跑到各自的座位上。这时被捉住的小鸡可以唱支歌或说几首儿歌。游戏反复进行，角色可以轮换。在游戏进行时，扮大公鸡的小朋友要组织好做完游戏的小朋友，认真观看别人做游戏。这样不但使幼儿玩得快活，而且又做到劳逸结合。小朋友人数较多时，可另找一只老鹰，由大公鸡带着一组小鸡玩。两组可同时进行。

（2）评价

“老鹰捉小鸡”是深受幼儿喜爱的游戏，经过改编，改变了原本人数多、危险性较高的规则，将大公鸡角色加入，使其内容更加丰富，采用圈内圈外捉小鸡的形式，劳逸结合，有利于幼儿合理控制运动量。

六、幼儿体育游戏的组织与指导

（一）幼儿体育游戏的组织

幼儿体育游戏的组织，不同教师会取得不同的应用效果。一些教师会通过游戏使幼儿在轻松、愉悦的氛围中达到锻炼的目的。然而，一些教师无法激发幼儿参与游戏的兴趣。大量实验表明，较好地实现体育游戏活动目标与教师是否了解游戏内容、教具准备是否充分、能否准确地进行讲解示范、运动量安排是否合理有关。为了提高教师各方面的综合素质，需要注意以下几点。

1.游戏前做好准备

教师要了解全班幼儿的体质、能力、性格、品德等情况，熟悉游戏的内容，领会游戏的教育作用，掌握游戏的动作，明确游戏的规则，并考虑怎样组织游戏，提出什么要求，需要注意什么问题，等等。教师还要准备好所需的教具、器械或玩具，检查一下它们是否清洁、牢固，数量是否充足；看场地是否干净、平整。为了引发幼儿游戏的兴趣，还可以做一些头饰或其他标志，让幼儿戴在头上或披在身上，使游戏更加逼真。

2.游戏进行的步骤

玩新游戏时，教师首先要用生动、形象的语言，简单扼要地讲明游戏的名称、内容、方法、动作要领、要求、规则和结果。讲解的同时，还可以进行示范，以便幼儿理解。对小班幼儿最好用游戏口吻，边讲边示范。复习游戏时，教师只需用简短的语言，将游戏的主要内容、要求、规则、方法等向幼儿提示一下即可。

然后，要进行分队（组）（小班游戏一般不分组）和选角色。做竞赛性游戏分队（组）时，各队力量搭配要合理，要考虑幼儿的能力强弱、男女比例等，使各队力量基本平衡。选择游戏的角色时，主要应考虑幼儿的能力如何，对开展游戏是否有利，对本人或其他幼儿是否能起教育作用，分配角色应视具体情况而定。

小班幼儿做游戏，一般是教师担任主要角色，可以掌握游戏的时间和情节的发展，同时起到教育和示范作用。幼儿熟悉游戏后，可以请能力较强的幼儿担任主要角色，再逐步让其他幼儿轮替。为了引起幼儿游戏的兴趣，分配角色也可以采用闭着眼睛摸幼儿（摸到谁请谁当主角）或念一首有趣的诗歌（如“叮叮当，叮叮当，有个小兔请你当”，最后一个“当”字点到谁，就请谁当主角）等方法，但要注意，在这个过程中教师还是应当有目的地分配主要角色。

在中班或大班，教师应针对幼儿某些方面的优缺点进行针对性练习。游戏前，教师还要准备好所需的教具和需分配的角色。例如，让体质好、反应快、奔跑能力强的幼儿担当主要追捉者，可以使全体幼儿积极奔跑起来。又如，适当让个别不好动的幼儿担任主要角色，给他一定的任务，进行针对性培养。有时，也可以让幼儿自己推选角色或用游戏方法推选角色。例如，幼儿边念儿歌边传物，念到最后一个字时，物体落在谁的手里，就由谁担任主要角色。不论用什么方法选择游戏角色，教师都应注意不要只让少数能力较强的幼儿担任主要角色或游戏中的组织者，要考虑全体幼儿。分好队（组），选择好角色，游戏就可以开始了。

当幼儿对游戏感到满足，但尚未产生疲倦感的时候，是结束游戏最好的时机。游戏结束太早，幼儿得不到满足，也收不到应有的锻炼效果；结束太晚，幼儿的注意力已涣散，动作不准确，情绪低落，会影响幼儿的身心健康。所以，教师掌握好游戏结束的时机是十分重要的。

游戏结束时，教师应及时讲评，公布游戏结果，肯定优点，指出缺点，并提出改进意见和建议。对学习较慢、一时不理解游戏内容而做错的幼儿，教师不要批评指责，应该对他们加强个别辅导，肯定他们正确的地方，使他们增强信心。

3.游戏中要注意的问题

第一，适当控制活动量。教师要根据幼儿身体内部生理机能的变化和外部环境变化的情况，及时调整活动量。

第二，严格要求幼儿遵守规则。教师要严格要求幼儿，尤其是在幼儿对游戏不熟练的情况下，教师应特别注意提醒幼儿遵守规则，培养他们自觉遵守游戏规则的良好习惯。这样，一方面可以保证游戏顺利进行，达到预定的锻炼目的，另一方面也对幼儿进行了教育，培养了他们的集体主义观念，使他们学会控制自己的行为，增强责任感，培养了他们友爱、勇敢的良好品德。

第三，培养幼儿正确的身体姿势。游戏中，幼儿往往被情节吸引，忽视身体的正确姿势。例如，在快跑比赛中，幼儿为了跑到前边，会不按要求摆臂，或是闭眼仰头（或低头）向前跑。这时，教师应用语言提示或中止幼儿的活动，及时予以纠正，使幼儿在走、跑、跳、投等基本动作方面，能够始终保持身体的正确姿势。

第四，注意安全。游戏中，教师要注意让幼儿“玩好”“玩够”，要保证幼儿安全。教师应随时检查场地、器械，教会幼儿正确使用器械，随时检查幼儿的服装、鞋带等，消除一切不安全因素。

（二）幼儿体育游戏的指导原则与方法

1.幼儿体育游戏的指导原则

指导原则是根据教育和教学目标，反映幼儿运动规律而制定的对指导工作的基本要求。它是广大教师在长期体育游戏指导过程中积累起来的经验概括和总结。体育学科特点和幼儿学习体育游戏的特点，是制定体育游戏指导原则的两个主要依据。

（1）教师为主导，幼儿为主体的原则

《全球幼儿教育大纲》指出，幼儿园的一切教育活动，应当是教师指引下的幼儿自主学习的活动。这就确立了幼儿在体育游戏中的主体地位，而“教师应成为幼儿游戏的支持者、合作者、引导者”。教师的主导作用有环境布置、语言讲解、讲评、发布口令、示范等，这些能有效地激发幼儿参加体育游戏的兴趣，使之积极主动、愉快地参与体育游戏。在体育游戏的过程中，教师应理解幼儿的各种想法、玩法与感受，支持、鼓励他们大胆探索，充分发挥他们在体育游戏中的主动性、积极性和创造性，使幼儿真正成为体育活动的主体。

（2）直观模仿与启发思维的原则

幼儿心理学研究表明，幼儿思维主要依靠具体的现象和表象的联想。因此，在幼儿体育游戏指导中，教师要运用形象、生动的语言描述，结合动作示范，引导幼儿积极思维，同时积极地参与动作模仿，使幼儿视觉和肌肉本体感觉同时“工作”，从而让幼儿尽快熟悉体育游戏内容，掌握体育游戏方法和规则，积极投身于体育游戏之中。

（3）面向全体，重视个别差异的原则

在幼儿体育游戏中，幼儿既是具有一般共性的群体，又是各具特性的个体，因此，教师在指导游戏中，既要照顾全体幼儿的兴趣爱好和现有的发展水平，体现面向全体的特性，又要照顾对一般活动感到困难或者不能得到满足的幼儿，加强个别指导，让每个幼儿在不同水平上都得到发展。例如，在“小白兔跳小沟”的游戏中，教师将小沟的宽度分成宽、较宽、较窄几种，让幼儿自由选择跳跃的宽度。对能力差的幼儿，教师应积极鼓励，同他（她）一起跳过较窄的小沟。

（4）适宜的运动负荷原则

适宜的运动负荷原则，是指幼儿在体育游戏中，应该保证身体承受适宜的运动负荷。

教师要选用适合不同年龄的活动，难易程度要适中，并要运用引导、启发、鼓励的方式，使幼儿对体育游戏活动产生并保持兴趣。在幼儿参加体育游戏过程中，要保证幼儿有充足的活动时间。教师要做到精讲多练，减少不必要的过渡环节，消除不合理的等待现象，尽可能运用共同活动、鱼贯活动等形式，增加幼儿实际活动的时间。在体育游戏活动过程中，教师还要密切观察幼儿的生理和心理现象，如脸色、汗量、呼吸频率、动作协调性等，及时运用增减练习时间和次数，改变集中或分散练习等方式，使幼儿所承受的运动负荷始终处于适宜的状态。

（5）加强卫生和安全教育的原则

为了使幼儿体育游戏更具有增强体质的实效性，教师在组织、指导体育游戏时，要特别注意加强卫生和安全教育。

3—6岁的幼儿特别喜爱体育游戏，但他们缺乏运动经验，特别是缺乏运动中的卫生和安全经验，这就需要教师在指导中加以重视，以确保他们在安全的环境中进行游戏活动。因此，教师要了解每个幼儿当日的健康状况，如有不适，应采取暂停游戏或减少游戏时间等措施；要对游戏的场地、器材及时进行检查，排除不安全因素；要规范、有序地开展体育游戏；取放运动器材要有序，不争抢、不乱丢；教师集合信号发出后，幼儿能很快地排成一个较固定的队形（围在教师周围或围成圆形等）；能集中注意力听教师讲解、看教师示范；在游戏中能自觉遵守规则，不做危险动作，如违反了规则，能主动、自觉地按违规“处罚”去做等。

幼儿游戏时，教师还应密切观察幼儿游戏时的运动状态，特别要注意自我控制能力较差或经常容易冲动的幼儿以及运动能力不灵敏、不协调的幼儿。如发现危险动作，要及时运用柔和的语言提示和保护与帮助幼儿，防止事故发生，绝不能采用吼叫、恐吓或放任的态度。

（6）符合人体生理机能活动能力变化规律的原则

人体在运动过程中，生理机能活动能力会发生变化。这种变化有一定的规律性，一般是在身体运动开始时，机能活动能力逐渐上升，然后达到并在一定时间内保持最高水平，最后又逐渐下降。从而形成“逐步上升–相对稳定–逐步下降”的规律。

第一，上升阶段。在幼儿参加体育活动的开始阶段，教师可以通过形象生动而带有启发性的语言，激发幼儿参加体育活动的愿望，使之逐步产生兴奋、高涨的情绪，从而使其心率和呼吸率逐渐加快，产生积极的心理和生理反应。教师还可以通过身体活动，帮助幼儿克服身体各器官的惰性，使机体的活动能力较快地提高，以适应负荷量较大的身体运动。对3—6岁的幼儿来说，他们的身体正处在新陈代谢的旺盛时期，其身体各器官的惰性相对较小，机体的活动能力上升较快，因此他们的准备活动时间可以相对短些，运动负荷量可以较快地增长。

第二，平稳阶段。在这一阶段，由于幼儿身体各器官的活动能力已经逐渐达到了较高的水平，因此，教师可以指导幼儿开展一些运动负荷量较大的游戏活动，学习新动作，或创新各种玩法等。然而，由于幼儿神经系统和运动系统较容易疲劳，能量储备也较少，他们这一阶段所能持续的时间比成年人短，保持最高水平的时间也短。因此，教师在指导中，要注意活动内容与方式的多样性和变化性，以激发和保持幼儿积极高昂的情绪。同时应采用动静交替、激缓结合的方式，不断调节运动负荷。

第三，下降阶段。幼儿经过一段时间游戏后，体内能量消耗较多，体力恢复和供应不足，身体机能、活动能力逐渐下降，出现各种疲劳的现象。此时教师在指导中应安排一些放松身体的活动，使幼儿的情绪逐渐平稳，体力和心率逐渐恢复，疲劳逐渐消除。这样有利于幼儿身心健康，更好地开展其他活动。

（7）符合运动技能形成规律的原则

运动技能是指人体在运动中掌握和有效地完成专门动作的能力。运动技能的形成，是通过相应的神经支配下的骨骼肌运动来实现的一系列外显动作，它是神经系统和运动系统建立条件联系并不断巩固的过程。运动技能的形成，一般要经历相互联系的三个阶段。

第一，粗略掌握动作阶段。这一阶段是运动技能学习的起始阶段。在这一阶段中，幼儿的大脑皮层兴奋过程扩散，处于泛化阶段。表现为动作费力、紧张，不协调、不准确，缺乏控制力，并伴有多余的动作。因此，教师应多做示范动作，让幼儿模仿。教师示范的速度不宜太快，以帮助幼儿建立清晰正确完整的动作表象，还应给幼儿提供较多的练习机会，让幼儿逐渐掌握初级的运动技能。这一阶段对幼儿的要求不能过高、过严，不能过多地强调动作细节，对能力差的幼儿，可适当降低要求。

第二，改进和提高动作阶段。这是有意识地改进技能，使动作的各个组成部分建立固定联系的阶段。在初步形成动作的基础上，幼儿通过经常、不断地练习，使大脑皮层兴奋与抑制过程处于分化阶段，兴奋相对集中，抑制逐步发展和巩固，初步建立动力定型，从而能较精确地完成动作。其表现为幼儿紧张现象和多余动作明显减少，大多数错误动作得到纠正，动作变得准确、协调和轻松起来，但还不够熟练和巩固。在一些复杂、变化的情况下，仍较容易出现动作变形，或有多余动作及错误动作出现。

在这一阶段，教师应让幼儿进行更多的练习，加强对错误动作的纠正，帮助幼儿逐步掌握动作的细节，加速抑制与兴奋过程的分化，不断提高幼儿完成动作的质量，促进动力定型。

第三，熟练掌握动作阶段。这时运动技能巩固、完善并达到自动化的阶段。在这一阶段，幼儿大脑皮层兴奋过程高度集中，抑制相当牢固，形成了牢固的动力定型。表现在幼儿能准确、熟练、较快地完成动作，并能运用自如。

在这一阶段，教师可以设置各种变化的环境和条件，使幼儿在各种变化的条件下自如地运用运动技能，提高幼儿动作的适应能力。

运动技能形成的三个阶段是有机联系的，各个阶段之间并没有明显的界限，它们是一个逐步过渡、逐步发展的过程，每个阶段持续时间，与幼儿体质基础、教师的指导方法等有很大的关联。教师在指导中，应选用对幼儿动作发展和应用有积极作用的手段和方法，如运用示范—模仿—游戏，纠正—练习—游戏等手段等，不断运用新的方法和形式吸引幼儿，尽量避免单调的重复练习。

2.幼儿体育游戏的指导方法

幼儿体育游戏的指导方法包括游戏前的准备和游戏过程两方面。

（1）游戏前的准备

第一，熟悉游戏的内容和目标。第二，考虑好开展游戏的具体步骤，包括怎样讲解（引导和示范）。第三，选择和布置场地、运动器械（可以和能力强的幼儿共同布置）。第四，督促、检查并帮助幼儿整理服装、鞋子（脱去多余的衣、裤、手套、围巾等）。第五，了解幼儿健康状况。

（2）游戏的过程

游戏开始，组织带领幼儿进入游戏场地。讲解游戏内容、方法、结果和注意事项，应用形象、生动的语言及灵活的教学方法吸引幼儿，讲解有情节的游戏时，教师要深入到游戏情境中去，讲解要有感情，语言要形象、生动、简明，讲解可结合示范进行。分配角色，原则是幼儿能胜任，有利于游戏的顺利进行，对幼儿有教育作用。分配角色的方法有制定法、推选法、斗志法和随即决定法几类。

指定法（包括教师指定法）：有的是直接指定，有的是暗中指定，有的是事先指定，有的是在活动中临时指定，如“狡猾的狐狸”游戏中就是暗中指定。还可采用念儿歌的方法，譬如边轻拍幼儿边唱儿歌：“叮叮当，叮叮当，有个××请你当！”说最后一个字时，拍到谁谁就当主要角色，教师是有意识地指定幼儿的。还可采用由前一次游戏的优胜者或主要角色指定的方法。

推选法：由参加的人推选决定。譬如“老鹰捉小鸡”中“母鸡”和“老鹰”可由幼儿自己推选。

斗智法：如“人、枪、虎”游戏就要求幼儿动脑筋、想办法战胜对手，才能当追者。

随机决定法：如报数法、击鼓传物法、儿歌传物法、儿歌法、握棒法、“手心手背”法等。

上述各种方法有的简单省事，有的趣味性强，有的有教育性，有的能启迪智慧，有的适合小组游戏，有的适合小班。像“叮叮当，叮叮当”儿歌法更适合小班，而“人、枪、虎”这一类斗智法则适合年龄较大的幼儿的游戏中使用。

不要过多地让能力强的幼儿当主要角色，以免他们产生优越感和骄傲情绪。对能力和自信心差的幼儿也应适当地分配给他们做主要角色，在活动中给予帮助和鼓励，以提高他们的自信心，发展他们的能力。可以分配给不爱活动或性格孤僻的幼儿担任主要角色，以提高其活动积极性，培养活泼乐观的性格。教师应有计划地让全班幼儿都能在游戏中扮演主要角色。

游戏过程。第一，组织幼儿游戏，教师观察指导。第二，选择教师带游戏或幼儿探索游戏等具体方法。幼儿游戏时，教师要选择合理的位置，用全面与个别相结合的方法观察幼儿，并运用鼓励、引导、参与、帮助、纠正、保护等具体手段指导幼儿，使幼儿主动积极地投入游戏中。第三，游戏中的指导：把握适当的运动量；提醒幼儿遵守游戏规则；注意幼儿身体姿势和动作的正确性；注意安全。第四，小结讲评。对前部分时间的游戏情况，教师可运用交流、演示、讲评（包括提出新的玩法和要求）等方法，对游戏进行阶段性讲评，鼓励幼儿继续游戏，进而达到调节运动负荷量或调整游戏的目的。

游戏结束。第一，组织带领幼儿放松身心，使幼儿身心逐渐平静；第二，全面与重点相结合的讲评（以鼓励为主），激发幼儿下次游戏的愿望；第三，收拾、整理场地与器材（可让部分幼儿参与）。

第四章　幼儿体育活动的实施架构

教师基于幼儿的学习与发展特点、学习与发展需求架构教学，其主要方式是创设全开放性的环境，提供低结构或非结构化的材料，让幼儿按自己的意愿选择运动内容、运动环境、运动材料，自由、自发、自主地运动。此阶段是一种自主性的运动游戏，能体现幼儿本真的运动能力、运动中的思维发展水平。教师在此阶段观察、分析幼儿的身体活动方式、运动能力、运动中的安全问题，再选择贴近幼儿最近运动发展区的内容，选择组织形式开展教学。如果是全体幼儿共性问题或是需要帮助幼儿梳理、归纳经验的，就采取集体教学活动方式；如果是个别幼儿需要解决问题的，就采取区域性体育活动方式；是部分幼儿需要解决问题的，就采取小组活动方式等。

实践中，“享受运动、健康成长”的核心要素有三个方面：主动参与运动，身心愉悦，身体素质提高。教师层面上的操作元素有四个方面：教师创设多元的运动环境，支持幼儿多元的运动体验；开展形式多样的体育活动，支持幼儿多渠道地参与运动；基于幼儿运动中多元的学习特点，支持幼儿以多种方式参与运动；实施多元的教育评价，支持幼儿富有个性地发展。

第一节　创设多元运动环境，支持幼儿多元的运动体验

环境与材料是幼儿喜欢体育活动的物质基础，能直观地激起幼儿运动的欲望。不同的环境与材料能引发幼儿不同的运动方式，幼儿会根据

自己的需要与经验决定对环境与材料的操作方式。竹梯竖在墙上，幼儿身体活动的方式就是爬上竹梯。竹梯放在地上，幼儿身体活动方式有走、跑、跳、爬等。用蛇皮袋开展运动，幼儿会钻进蛇皮袋，将身体蜷缩在蛇皮袋中，还会将蛇皮袋套在身上跳、爬、滚。不同性质的环境与不同结构的材料能达成不同的目标。

因此，环境和材料与幼儿的运动存在双向关系。教师在创设环境与投放材料时，可根据幼儿体育活动的学习与发展目标，创设多元环境，提供多元材料，让幼儿在与环境的互动中，在操控器械中，练习基本动作，习得运动经验，提高身体素质，体验运动的快乐。

一、创设封闭性、半开放性、全开放性多元的环境

（一）封闭性的环境

封闭性的环境是指教师根据幼儿学习与发展目标，对环境的设置高结构化，即环境被赋予了特定的目标，幼儿按照教师规定的身体活动方式进行运动，以达成教师预期的目标。例如，为了让幼儿对匍匐爬动作更加熟练，教师利用长凳设置爬过封锁线的游戏情境。幼儿在此环境中练习匍匐爬行。封闭式的环境主要是让幼儿有针对性地练习一些动作，提高动作的熟练度，发展运动能力。

首先，教师可通过图示指引幼儿的运动方式。教师在运动场地旁贴示意图，暗示这个运动场地是练习侧滚翻或者走高跷等。其次，教师或幼儿示范运动方式。如在运动之前，个别幼儿先示范某些运动项目，好让其他幼儿知道在此场地的身体活动方式。运动方式由幼儿示范还是由教师示范，视内容、要求而定。动作技能要求不是很高的可由幼儿示范，而需要幼儿掌握比较规范的动作姿势的则可由教师示范。

（二）半开放性的环境

半开放性的环境是教师只对环境做一个大致的规划，不需要对具体的身体活动方式进行设计。幼儿可以根据自己的需要自行决定如何运

动，实际运动会因幼儿原有的运动经验而呈现多样的身体活动方式，这样的环境常诱导幼儿“一境多玩”。例如，教师将长凳摆成长长的一条，小班的幼儿在长凳上走，手膝着地爬，并手并脚爬等。半开放性的环境能激发幼儿凭借自己已有的经验，探索适宜自己的身体活动方式，从而发展幼儿的想象力、创造力以及空间认知能力。

第一，用语言暗示幼儿运动。教师可以通过语言提醒幼儿在这样的一个运动场景中，思考如何安排运动。第二，提供时间让幼儿自由探索，感知环境、材料的特性，熟悉环境。教师应鼓励幼儿多尝试，探索用跨、绕、跳、爬等不同的身体活动方式过障碍。第三，提供时间让幼儿相互交流。幼儿在特定的运动场景尝试一段时间后，教师集中幼儿分享交流身体活动方式。通过交流，幼儿认识到一种运动场景有多种身体活动方式。第四，关注幼儿运动过程中的安全。半开放性的运动场景一般是幼儿探索性的运动，教师要关注幼儿在此运动场景中的身体活动方式是否安全。

（三）全开放性的环境

全开放性的环境是教师提供不同种类的器械，如球、竹棍、竹圈、纸箱、沙包等。幼儿自由选择器械自主玩，可以选一种，也可以选多种。由于一种材料就有多种玩法，多种器械之间的任意组合又能产生其他的玩法，所以运动器械组合后的可变性带给幼儿不同的身体活动方式、不同的运动刺激，这对幼儿在运动中认知的发展以及综合运动能力的提高意义更大。

首先，告知幼儿各种器械使用过程中的安全问题。例如，幼儿用扁担当运动器械时，教师要告知幼儿不能挥舞扁担，否则既容易伤害自己也容易伤害别人。其次，鼓励幼儿选择自己喜欢的器械大胆尝试，可以是一种，也可以是多种。幼儿自主选择，教师在幼儿没有出现危险的情况下不要加以干预，要引发幼儿自主探索的欲望。例如，小班的幼儿选择饮料瓶和棍子，教师可以引导幼儿利用棍子推饮料瓶、用棍子抬饮料瓶等方式进行运动。最后，关注幼儿运动过程中的安全。幼儿自由组合器械运动，他们判断是否安全的能力比较差，教师要时时关注，有危险情况马上阻止，并告诉他们为什么危险，帮助幼儿积累运动中的安全知识。

二、投放高结构、低结构、非结构多元的材料

（一）高结构材料

高结构材料是指材料指向特定的发展目标，幼儿须严格按照规定进行运动，以达成教师预设的目标。例如：投放高跷，幼儿学习踩高跷；投放鞍马，幼儿学习跳鞍马等。在体育活动中，为了让幼儿有目的地学习一些基本动作，掌握某些运动技能，比较适宜提供高结构的材料。

首先，教师、幼儿通过影像示范基本动作、示范身体活动方式。例如，幼儿学习跳绳，教师亲自示范跳绳或播放教跳绳的影像或请个别跳绳姿势较好的幼儿跳给同伴看。其次，可通过图示指引幼儿的身体活动方式。例如，幼儿玩脚跳球，教师将身体活动方式步骤张贴出来。幼儿看着图，第一，把一只脚套进圈中；第二，手拿绳子；第三，边甩绳边跳起，要有节奏地跳。幼儿通过看图，明白脚跳球的操作要领。

（二）低结构材料

低结构材料是指教师依据一定的学习与发展目标对材料进行简单设计，不限定身体活动方式，但由于目标比较隐蔽，对幼儿来说自主的空间很大。

首先，用语言暗示幼儿运动。如幼儿用草席开展运动，教师可提醒幼儿草席的用法，可以滚也可以走。其次，提供时间让幼儿相互交流各自的身体活动方式。如幼儿用头尾缝合的草席开展运动。他们探索一个人或两个人在草席里翻滚，一个人或两个人坐着向前或向后滑行等。幼儿将自己探索的身体活动方式和同伴分享，同伴深受启发，滑行的方式更多样，不仅能坐着滑行，还可以跪着、蹲着滑行。再次，提供时间和

空间让幼儿自主探索，自主操作运动器械。最后，关注幼儿运动过程中的安全。

（三）非结构材料

非结构材料是指教师投放材料时没有设定目标，也没有设定身体活动方式，幼儿凭借自己已有的经验探索多种身体活动方式。这样的材料常常诱导幼儿“一物多玩”。例如，小班幼儿用布包开展运动，他们抛布包、投布包、拖布包，把布包放在地上跳过布包，把布包变成滑板车，一脚踩着布包前进等。非结构化的材料探索性强，幼儿在运动中体验发现、创造的乐趣，激发积极的运动情感。

第二节 开设“七彩阳光”儿童运动与健康教育课程

一、“七彩阳光”儿童运动与健康教育课程研究的理论概述

（一）研究背景

东营市东营区六户镇中心幼儿园是东营市“市级学前教育游戏活动实验园”，基于生态健康理念的“常春藤生态游戏教育课程”在2022年7月获得东营市优秀教学法二等奖。2023年3月，幼儿园研究团队以“常春藤生态游戏教育”为原点，基于东营市幼儿呈现出的“运动贫穷”问题，针对儿童“基本动作技能的发展训练”不系统和“体质健康状况”不乐观的现状，依据我国有关幼儿体育的建设要求，提出了践行“健康中国”理念，围绕“生命健康”，系统开展“幼儿体育活动”，让参与体育活动成为孩子们的习惯的儿童运动与健康理念，并付诸实施，确定为“七彩阳光”儿童运动与健康教育课程。“七彩阳光”儿童运动与健康教育课程是在生态健康理念指引下，围绕“乐于心、敏于行、达于康”的课程建设目标，着眼于儿童身心健康和终身发展，着眼于国家和民族的

未来，以“构建生命健康新生态，呈现阳光儿童真样态”课程建设理念，围绕“学习运动，通过运动学习”的课程实施策略，培育“健康快乐又灵巧”的新时代儿童。

（二）研究依据

北京师范大学体育与运动学院任园春博士在2017年曾对北京市某小学一年级45名学生动作发展进行调研，发现46.7%的学生位移动作技能和35.6%的学生的物控技能发育落后于现年龄6个月以上。2021年12月，全国第五次国民体质监测显示，中国少年儿童四大隐性健康问题近视、脊柱侧弯、肥胖、心理问题中，前三项指标均列亚洲国家首位。同时有研究表明我国幼儿动作不协调的比例高达42%，更有67.3%的幼儿不能很好地掌握各类运动能力，幼儿基本动作技能的发展及体质健康状况令人担忧，中国的孩子呈现出“运动贫穷”。

2016年10月25日《健康中国2030规划纲要》发布，在习近平新时代中国特色社会主义思想指引下，“健康中国”概念深入人心。2019年8月颁布的《体育强国建设纲要》明确指出：“要推进幼儿体育项目和幼儿体育器材标准体系建设，引导建立幼儿体育课程体系和师资培养体系。”同时指出要建立幼儿体育健康课程体系，2023年1月颁布的《山东省幼儿园办园基本规范》和2023年7月颁布的《山东省幼儿园保育教育质量自评指导手册（试行）》均指出：要落实幼儿体格锻炼制度，制定与幼儿身体发展相适应的体格锻炼计划并有效实施。明确了幼儿园要保证幼儿每天户外活动时间不少于2小时，其中体育活动时间不少于1小时。2018年6月9日，《学龄前儿童（3—6岁）运动指南》（专家共识版）又提出培养“积极活跃的学龄前儿童”，让儿童动得更多、坐得更少、健康快乐又灵巧；《3—6岁儿童学习与发展指南》也指出：发育良好的身体、愉快的情绪、强健的体质、协调的动作、良好的生活习惯和基本生活能力是幼儿身心发展的重要标志，也是其他领域学习与发展的基础，指南立足培养幼儿健康生活习惯。同时，2023年8月颁布的《国民体质测定标准》（2023年修订）幼儿部分也为我们开展相关实践研究和数据比对提供了最新的科学依据。

（三）研究内容

通过梳理国内外相关研究学术史和研究动态，针对东营市儿童的“运动贫穷”和“隐性健康”问题，分析东营市幼儿园体育运动与健康的研究现状，围绕“健康中国”和“生态健康”理念，立足解决东营市幼儿园实施儿童运动与健康教育课程存在的诸多问题。通过与城区结对园、镇街姊妹园和家庭、社区的整体推进，加强实施策略研究，提出行之有效的幼儿体育活动开展实施教学法，以便让更多的孩子爱上体育运动并从中受益。

（四）研究过程

“七彩阳光”儿童运动与健康教育课程在行动研究的过程中，研读国家相关政策和精神，分析东营市幼儿园儿童体育运动发展现状，汲取发达地区先进经验，依据“适宜性”教育理论，通过“融合+”模式，吸纳多所城区、镇街幼儿园参与研究，并立足东营市幼儿园实际情况，提出了“1+2+3”模式，通过图例建模、分析解读、实测验证、样本追踪分析等措施，努力构建生态健康视域下适宜东营市域幼儿的运动与健康教育课程。

1. 主体部分

东营市东营区六户镇中心幼儿园以“七彩阳光”儿童运动与健康教育课程实践研究为载体，从“生态健康”的视角审视“儿童教育空间”，关注“儿童生命健康”，以儿童运动与健康教育建设为“切入点”，围绕“乐于心、敏于行、达于康”的课程目标，以培养“健康快乐又灵巧”的新时代儿童为“落脚点”，多园协同开展研究与实践，解决当下幼儿“运动贫穷”的问题，为幼儿构建适宜的运动与健康教育生态，努力使幼儿园的体育活动呈现一种更加生态、更加友好、更加健康的发展态势，支持儿童的健康成长和终身发展。

2. 相关概念界定

（1）生态健康

所谓“生态健康”是指个体生命系统及其诸要素与周围环境系统的和谐共生。具体到教育，如果要促使受教育对象健康发展，最重要的任务就是自觉地为其营造一个良好的生态环境并促使个体生命与其和谐互动，包括优美的园所环境、良好的文化氛围、和谐的人际关系、丰富多彩的课程设置等。在这种大的健康生态中，有意识的、无意识的，显现的、隐蔽的，一切皆是课程，一切皆是教育，一切皆指向生命个体的自由健康快乐成长。

（2）幼儿体育

幼儿参加的体育活动，是大众体育的重要组成部分。“幼儿体育”不同于“体育”，它不以训练竞技为目的。幼儿体育活动是遵循幼儿身心生长发育的规律，以增强幼儿体质、增进幼儿健康为目的，通过游戏等快乐的方式来激发和保持幼儿参与体育活动的兴趣，促进幼儿身心健康、和谐发展的一系列教育活动。幼儿参加体育活动不仅对自己现在的形态、机能以及各种能力的发展有益，而且将影响他们以后的身心发展，同时也影响一个国家和民族国民健康指数的提升。

（3）体育游戏

以各种基本动作、发展体能以及运动技术的练习为目的，以具有一定的情节、角色、规则、娱乐性和竞赛性等游戏元素为基本形式的运动游戏或活动性游戏。

二、“七彩阳光”儿童运动与健康教育课程的基本理念、教学模式及实施框架

（一）课程理念

课程教育理念：七彩阳光，愉悦童年。课程发展理念：构建生命健

康新生态，呈现阳光儿童真样态。课程培养目标：乐于心，敏于行，达于康。课程身心发展：让参与体育活动成为孩子们的习惯。课程核心素养：健康快乐又灵巧。课程研究策略：学习运动，通过运动学习。课程品质：在学习品质上，具有领袖气质；在理想信念上，具有远大心志；在身心体态上，具有强健身姿；在认知思维上，具有博闻识智。

（二）教学模式

“1+2+3”模式是指国家政策、精神，规程、指南要求及实施框架和核心素养等，打好地基；“2”即两种模式：科学的范式（共模）和灵活的变式（特例），这是骨架；“3”是指实践研究和融合共生，这是血肉。

三、“七彩阳光”儿童运动与健康教育课程干预体系

第一，知道“学习运动”与“通过运动学习”是两个不同的学习过程，两者又是相互联系且不可相互独立和分割的，我们的幼儿体育课程要向30分钟要成效，避免“教师多讲，幼儿不动”、“不出汗的体育课”和“排队的体育课”；第二，把安全意识放在首位，既要保障儿童活动安全，又要保障活动场地安全、活动器材安全等；第三，在幼儿没有厌倦的情况下，一个体育游戏可以重复多个课时，重点在于对幼儿运动兴趣的培养和运动知识、技能的掌握，课程要根据儿童的需要变化；第四，家园联动，及时让家长了解每一次运动的时间、内容和注意事项，让家长真正参与到体育运动的前后管理中去；第五，对于个别存在运动障碍的幼儿，在普适性的运动游戏中充分关照这一“小部分人群”，要采用运动干预的方式提升其基本动作技能，这需要我们老师学会发现和评价，采用“分层教学”，适当“开小灶”，帮助他们尽快发展自身的运动能力，切记不能照搬小学体育课教学模式，一味纠正某一动作要领。

四、“七彩阳光”儿童运动与健康教育课程基本原则

基本原则：在提高教师专业性的基础上，教得对是底线。通俗地讲就是“让不会教的老师教不坏，让会教的老师教得好；幼儿玩得开心，

教师教得有效”。汪晓赞在《KDL幼儿运动游戏课程》中提出三个维度，即：懂运动文化（Know it）、有运动能力（Do it）、怀运动热情（Love it），对标课标“知识与技能、过程与方法、情感态度和价值观”三个维度，可谓“知之、行之、乐之”。

第一，运动的形式选择应满足多样性，即多目标、多种环境、多种强度和多种形式。

第二，要兼顾粗大（大肌肉群）动作和精细（小肌肉群）动作的协调发展。

第三，运动应目标合理、循序渐进，避免过早要求孩子完成超过其能力的运动，并注重鼓励，保护孩子运动的兴趣。

第四，在参与体育活动时，应以培养兴趣、树立品德、学习动作、丰富运动体验为目标，以游戏为开展体育运动的主要形式，避免为获取超越本年龄段的竞技性运动成绩而进行长时间、大强度的专业训练。

第五，着重关注运动防护，避免过度运动和意外伤害。

第六，关注幼儿的运动时间和强度。《学龄前儿童（3—6岁）运动指南》建议幼儿每天累计运动的时间至少达到180分钟，每天户外活动至少120分钟。其中，中等及以上强度的运动时间不少于60分钟。（注：什么是中等及以上强度的运动？简单来说，我们可以根据孩子运动中呼吸和语速的变化进行简易判断。中等强度运动时，儿童呼吸比较急促，即运动中只能讲短句子，不能完整表达长句；高强度运动时，儿童呼吸急促、费力，不能言语交谈。）

五、“七彩阳光”儿童运动与健康教育课程的发展及成效研究

（一）“七彩阳光”儿童运动与健康教育课程聚焦学龄前儿童核心素养的形成

对标《义务教育课程标准》和《3-6岁儿童学习与发展指南》，通过

运动与健康教育课程让孩子全面健康发展，让参与体育运动成为孩子们的习惯。

儿童个体的动作技能发展都是建立在已有经验的基础上。在《义务教育课程标准》《3—6岁儿童学习与发展指南》及《学龄前儿童（3—6岁）运动指南》中均提到了发展“基本运动技能”，在《学龄前儿童（3—6岁）运动指南》中明确了学龄前儿童运动的指导原则：“学龄前儿童的运动应符合身心发育特点，应以愉快的游戏为主要形式，在保证活动时间和活动强度的前提下，以发展基本动作技能为核心目标，兼顾该阶段快速发展的多种身体活动，在培养生活能力的同时提高健康水平。”

基本动作技能可分为移动式动作技能（如走路、攀爬、跳跃等）、非移动式动作技能（如平衡、转身、协调等）、操控式动作技能（如用手投掷篮球、用脚踢足球等）。学龄前儿童运动应以发展基本动作技能为核心目标来开展活动。

（二）“七彩阳光”儿童运动与健康教育课程园本化

幼儿期是锻炼意志品质的最佳阶段，同时体育活动又是培养幼儿良好意志品质的最佳途径。幼儿体育教学活动既可以锻炼幼儿的身体，又可以开发幼儿的智力，还可以提升幼儿生活和学习能力。教师根据幼儿的年龄特点，创新体育教学方法，让体育教学活动真正符合幼儿发展规律，进而达到寓教于乐，促进幼儿身心全面发展。“七彩阳光”儿童运动与健康教育课程园本化具体可以体现在以下三个方面。

1.省编教材园本化的幼儿体育教学课程

我们依据《3—6岁儿童学习与发展指南》《学龄前儿童（3—6岁）运动指南》中健康领域对幼儿发展的教育目标，以省编教材教师指导用书为基准，对幼儿体育活动进行整合、分类、确定项目类别，依据幼儿各年龄段体育活动的目标，以及幼儿发展的需要，有计划、有目的、系统地引导幼儿参与相关动作与身体练习，促使幼儿身体生长发育，增强身体素质，在提高基本活动能力、运动技能及社会性等方面，获得良好发展的一种集体体育活动课程。

2.民族民间体育游戏课程

著名幼儿教育家陈鹤琴先生曾经说过，孩子的知识是从经验中获得的，而孩子的生活本身就是游戏。游戏是儿童的天性，同时也是幼儿获取知识、技能、认识世界的最主要方式。民族民间体育游戏来源于生活，具有浓厚的民族特色和地域特色。我们充分并深入地发挥民族民间体育游戏的教育价值，有利于丰富幼儿园体育活动的内容，提高幼儿参与体育活动的兴趣，传承和发展我国优秀传统文化，促进幼儿身心健康成长。

3.园本特色体育课程

腰旗橄榄球是一项专为幼儿设计的非冲撞性运动，它起源于美式橄榄球，但完全剔除了冲撞元素，保留了竞争性和观赏性。这项运动非常适合幼儿的身心特点，因为它不仅具有趣味性，还能有效提高幼儿的身体素质、心理素质以及团队合作能力。

手球活动是一项能够全面提高幼儿体能、协作能力及团队精神的运动。通过手球活动可以激发幼儿的体育兴趣，提高他们参与体育锻炼的积极性，还可以培养幼儿的灵敏性、协调性和反应能力，增进友谊，提高运动技能。

本课程以“七彩阳光、愉悦童年”为基本理念，以乡村幼儿体育课程建设为“切入点”，围绕“乐于心、敏于行、达于康”的课程目标，以培养“健康快乐且灵巧”的新时代儿童为“落脚点”，解决当下幼儿“运动贫穷”的问题，为乡村幼儿建构良好的体育教育生态，支持儿童的健康成长和终身发展。

（三）“七彩阳光”儿童运动与健康教育课程的主要成效

1.课题研究

2023年12月，李秀清参与的东营市实验幼儿园王銮美园长主持的山东省教育科学“十三五”规划课题《生态视域下幼儿健康教育研究与实践》顺利结题，这为此项研究提供了理论基础和实践依据；2024年2月，王莉主持的东营区第六批“草根式”课题《生命健康视角下的幼儿阳光体育教育的实践研究》立项并开题；2024年4月，刘庆霞主持的2024年东营市教学研究课题《生命健康视域下乡村幼儿园开展体育游戏的策略研究》立项并开题；2024年6月，李秀清主持的山东省学前教育研究课题《生态健康视域下乡村幼儿体育课程设置与实施研究》立项。以课题为抓手，助推实验深度实施。

2.论文、论著

2023年5月，汪超著、李秀清副著的全国学前教育新课程标准“十三五”规划教材《幼儿园体育活动设计与指导》一书由复旦大学出版社出版。

3.“融合+”联动教研

2023年4月15日，东营区六户镇中心幼儿园与辛店街道康居幼儿园结成友好结对园，并进行了联合教研，第一次在东营区幼儿园提出基于生命健康的儿童运动与健康概念。

2023年11月28日，东营区六户镇中心幼儿园与东营区胜园街道辖区幼儿园、东营区文汇街道第二幼儿园、东营区牛庄镇中心幼儿园成立了“东营区镇街幼儿园教师成长共同体”，多园联合开展幼儿体育游戏活动的专题研究。

2024年3月11日，东营区胜园街道中心幼儿园开展了东营区镇街幼儿园教师成长共同体骨干老师参与的针对幼儿园体育游戏课程实施的策略研讨活动。

2024年4月25日，在东营区六户镇中心幼儿园召开了东营区文华幼儿园、六户镇中心幼儿园、胜园街道辖区幼儿园参与的基于儿童运动与健康教育的城镇一体化体育特色课程联动教研现场观摩会。

2024年6月4日，李秀清在东营区史口镇中心幼儿园开展的全市“强镇筑基，送教助教”活动中执教公开课《小武松勇闯关》，向东营区骨干教师展示健康课课改成果。

第三节　多元评价，个性发展

《3—6岁儿童学习与发展指南》对幼儿体育运动中的学习与发展提出两个方面的目标，一方面是动作发展目标，另一方面是培养幼儿对运动的兴趣和养成运动习惯。在幼儿的体育活动中，教师可根据这两方面学习与发展的目标，实施观察评价，促进幼儿有效运动。

幼儿体育运动中的评价途径多样，有真实情境中的评价，还有借助检测的评价。评价者既可以是成人，也可以是幼儿。成人的评价包括运动现场的评价和借助检测的评价。幼儿的评价是基于真实情景中的评价，有自我评价和同伴间的评价。教师可鼓励幼儿自我评价，创设环境让幼儿相互评价。同时，教师还要有的放矢地根据运动内容、运动现场灵活选择评价方式，通过评价了解幼儿的发展状况，从而采取有力措施，促进幼儿发展。

一、幼儿的观察评价

幼儿的观察评价以幼儿为主体，评价自己或同伴的运动情绪、运动状况等。具体的评价方式有自我评价与同伴评价。

（一）自我评价

自我评价是幼儿对自己的运动能力、运动中的创造性、运动中的挑战性等。体育运动是肢体的活动，幼儿对自己的运动看得见，很容易判断自己的行为。例如，小红还不会连贯地跳绳，经过一段时间的努力，小红能连贯地跳绳了。小红评价自己跳绳是：越跳越会跳。再如，小黄与小奇探索用瓶子开展体育活动，经过探索，他们发现多种身体活动方式，越玩越开心，越玩越有成就感，对自己的运动产生了积极的情绪。他们对运动的评价是：我很聪明，能发明很多种玩法。

支持性策略：幼儿自我评价对幼儿良好个性的形成、心理的健康发展，以及对生活的适应和良好人际关系的建立都具有十分重要的意义。

同时还能促进幼儿客观地认识自我，寻求新的生长点，促使幼儿在现有基础上进一步发展。因此，教师要充分利用各种元素让幼儿开展自我评价。

首先，设置一些参照物，帮助幼儿自我评价。参照物一般有距离、重量、时间、次数等，例如，在立定跳远运动区，教师在地上画了一些表示距离的刻度。幼儿跳完后目测刻度，估计自己能跳多远。运输水，初期，幼儿一次运一桶水，过一段时间后能运两桶水，通过桶的数量增多来判断自己运动能力的进步。教师在操场的空中悬挂一些圈圈，距离圈圈十多米远的地方设一条起跑线，幼儿从起跑线快速向圈圈跑，跑到圈圈下，将手中的纸球从圈圈中投过，再继续跑到终点。如果纸球投中圈圈，幼儿就从篮子中拿一个橡皮圈套在手腕上。纸球全投完后，大家数一数自己手中有几个圈圈，就知道自己投中了几个纸球，再比一比谁投的纸球多。幼儿的自我评价能让他们看到自己的运动成果，从成果中感受自己的进步，激发运动的成功感与满足感。

其次，与幼儿交流，帮助幼儿自我评价。例如，教师问幼儿："你今天在哪里玩？"幼儿回答："走独木桥，一开始我慢慢地走，现在我能快速地走。"师："你真是一个能大胆尝试的孩子。"幼儿开心地笑着说："我再走走会更快的。"再如，教师看到运动能力极强但不爱言谈的小西与小轩一起踢球，教师问小西："你踢中了几个球？"小西说："我踢中了5个，小轩踢中了3个。"师："谁暂时领先？"小西很自豪地说："是我！我踢球时跑得快，很会抢到球，小轩跑得慢，不容易抢到球。"教师有针对性地与幼儿交谈，幼儿在与教师一对一交谈中表达自己的运动情况，评价自己的运动行为，升华自己的运动情感。

再次，创设时间和空间，让幼儿有机会评价自己。例如，区域性体育活动结束后，教师组织幼儿进行分享活动。小欢跟大家分享与小可玩纸箱的趣事，他说："今天我和小可一起玩纸箱，我坐在纸箱中，小可推我，可舒服了。"小卓与大家分享战胜困难的方法，她说："我踩高跷过栏杆，一开始我试了好几次都没有跨过栏杆，后来小雨教我要拉紧绳子，脚抬高就能过去，我试了几下就过去了，我很开心，我成功了……”幼儿探索性的活动结束后也是幼儿相互分享的好时机，例如，中班幼儿探索怎样过“独木桥”，有的幼儿说“爬过”，有的幼儿说“坐在独木桥上慢慢地滑过”，有的幼儿说“慢慢地走过”，有的幼儿说“侧身跪着，慢慢地移动身体过去”……分享活动中，幼儿充分表达自己的情感，表达自己的运动过程、运动中的身体活动方式，分享自己的喜悦与困惑。大家肯定他们运动中的表现，这使他们产生自豪感与成就感。

最后，幼儿自我评价可从情感入手，让幼儿谈谈运动中的情绪状态、满足感、成功感以及遵守规则等方面。集体游戏结束后，幼儿通过说说、玩玩与大家分享运动中有趣的事、开心的事，谈论运动中谁能遵守规则，谁能团结协商一起运动，谁能动脑筋想办法等。区域性体育活动结束后，幼儿与大家分享自己在什么区域运动，跟谁一起运动，有什么新奇的身体活动方式，遇到什么困难等。自我评价要避免强迫性，要让幼儿怀着愉悦的心情进行评价。

（二）同伴间的评价

幼儿同伴间的评价有评价同伴的行为规则，评价同伴的运动情况，评价同伴动脑思考探索不同身体活动方式等。同伴间的的评价能让幼儿了解同伴行为，客观看待同伴的运动，并促进自身的发展。

支持性策略：同伴是幼儿相互学习的共同体，同伴评价能让幼儿理性地看待同伴行为，建立客观评价的意识。那么，教师该怎样支持呢？

第一，创造相互评价的氛围，鼓励幼儿大胆评价，可在活动前、活动中、活动后进行。例如，幼儿用直径35厘米的圆形纸板摆成各种造型，然后探索跳法。有的幼儿摆成圆形，双脚并拢在纸板上跳；有的摆成一排，单脚跳；有的随意摆放，变向跳等。探索结束，大家交流各自的身体活动方式，然后集体评选最喜欢的身体活动方式。

第二，让幼儿在玩的情景中评价。例如，大班幼儿在区域活动中自行选择材料，自主创设运动场景，自发运动。活动结束后，教师组织全体幼儿玩同伴创设的运动场景，玩后评价同伴创设的场景是否适宜，是否有挑战性。这样的评价基于幼儿真实的运动感受，更具有实效性。

二、教师的观察评价

体育活动中，教师的观察评价有针对运动现场的随机观察评价，它能帮助教师随时了解幼儿运动的状态，针对运动现场灵活采取措施，支持幼儿有效运动；有针对教育目标进行的观察评价，这样的评价能确保活动的有效性；有进行“事件取样”的观察评价，主要是针对运动项目、动作技能、身体素质等方面进行取样评价。评价的目的是有针对性地开展教学活动，而不是甄别与筛选幼儿。

（一）随机对运动现场进行观察评价

教师的随机观察主要观察幼儿的运动情绪、参与运动的主动性、运动中的规则行为、运动中的安全、运动中的意志品质等。教师观察幼儿在此运动场景中是否会协商运动的规则，是一起玩还是轮流玩；观察幼儿的运动线路，是分两条路线运动，还是从一个梯子出发到垫子上再到另一个梯子循环进行运动；观察幼儿在此运动场景中的身体活动方式，如幼儿在梯子上运动是走是爬是跳还是跑等；观察他们是独自运动还是几个合作运动等。

（二）针对运动目标进行的观察与评价

教师针对运动内容和运动目标有针对性地观察、评价。例如，挑战区中重点目标是培养幼儿运动中的意志品质，教师在挑战区中观察幼儿是否愿意参与挑战区中的运动，怎样战胜困难，是否能坚持到底等。再如，在“两人三足”的活动中，主要培养幼儿合作运动的能力。教师重点观察幼儿在运动中是否能与同伴协商，是否愿意接受同伴的意见等。

（三）进行“事件取样”的观察评价

教师以实证研究的方法，对幼儿进行“事件取样”的观察评价。这种观察评价主要是针对体育学科特点进行的，例如，有对幼儿运动中动作姿势的观察评价，有对幼儿操作运动器械能力的观察评价，有针对幼儿身体素质的检测评价等。这样的评价将成为教师设置运动课程内容与选择课程实施渠道的依据。

1.对个别幼儿参与运动项目的观察评价

对个别幼儿参与运动项目的观察评价，教师能了解个别幼儿的运动兴趣、运动能力、运动中遵守规则的情况、运动中的合作意识等。教师观察的项目具体因每个幼儿发展需求而定，例如，小跳在区域性体育活动中更换运动项目的频率快，教师就连续观察两周，统计两周小跳参与了哪些运动项目，哪些项目玩的次数多，哪些项目玩的次数少或不参与，哪些运动项目玩的时间长，哪些运动项目玩的时间短等。两周后，教师统计小跳的运动项目，然后再观察分析小跳喜欢参与某些运动项目的原因：是此项目的游戏性吸引他，还是有他喜欢的同伴一起玩，是此项目的运动具有探索性，能让他发现多种身体活动方式，使他获得探索发现的满足感与成功感，或是运动内容处于他最近的运动发展区，能挑战他的运动能力等。教师从小跳喜欢的运动项目中寻找原因，分析小跳的运动兴趣、运动能力，在后期的活动中有针对性地指导小跳开展运动。

2.对动作姿势的评价

体育活动中，动作姿势直接影响运动的质量，教师针对不同年龄段幼儿动作学习与发展的目标和基本动作的要点对幼儿的动作进行观察和评价。如果是全班绝大部分幼儿都不能掌握助跑跨跳的动作要领，教师可开展集体教学活动，解决幼儿群体的共性问题；如果只有一部分幼儿不能掌握助跑跨跳的动作要领，可进行小组教学；如果只有个别幼儿不能掌握，则采用个别化教学。评价幼儿的动作姿势，可以在开展活动的前期，主要了解幼儿原有经验，幼儿出现哪些不规范的动作姿势，在后续的活动中教师有针对性地纠正幼儿的动作姿势。也可以在活动后期，主要了解还有哪些幼儿没有掌握该动作的规范姿势。

3. 对幼儿操作器械的观察与评价

教师观察幼儿对器械的操作能力，包括操作器械中动作姿势与操作器械中运动智慧。例如，幼儿学跳绳初期，教师观察全班幼儿参与跳绳的情绪状况及操作绳子的动作姿势情况，了解全班幼儿跳绳的兴趣，评价幼儿操作绳子的运动姿势。教师根据此评价来选择后期的教学内容，开展教学活动。

4. 对幼儿身体素质的检测评价

利用《国民体质测定标准手册（幼儿部分）》对幼儿的身体素质进行测查与评价。测查评价的内容有：身高、体重、10米折返跑、立定跳远、网球掷远、双脚连续跳、坐位体前屈、走平衡木八个项目。每一项最高分的分值是5分，每一项反映不同的发展状况。身高反映人体骨骼纵向生长水平，体重反映人体发育程度和营养状况，10米折返跑反映人体的灵敏素质，立定跳远反映人体的爆发力，投掷网球反映人体上肢和腰腹肌肉力量，双脚连续跳反映人体协调性和下肢肌肉力量，坐位体前屈反映人体柔韧性，走平衡木反映人体平衡能力。

利用《国民体质测定标准手册（幼儿部分）》评定幼儿身体形态与身体素质发展状况，不仅针对个别幼儿，还可以针对全体幼儿。不仅是个别项目的评定，也可以是综合评定。评定不是为了筛选，而是为课程的设置服务，为幼儿健康和谐发展服务。

第五章　“享受运动、健康成长”的策略研究

第一节　以幼儿身体素质为切入点实施教学

在开展体育活动之前，教师首先要思考发展幼儿哪方面的身体素质来增强其体质，然后再考虑围绕这些身体素质应选择哪些适宜的身体活动。同时，也要考虑所选择的身体活动要尽可能丰富多样，以激发和保持幼儿对体育活动的兴趣，为幼儿提供丰富的运动体验，并使幼儿在经常性的练习过程中，身体素质逐步得到提高和发展。

一、测查幼儿身体素质发展状况

幼儿园体育活动目标之一是促进幼儿生长发育，发展力量、速度、灵敏、协调、柔韧、平衡等身体素质。教师可根据《国民体质测定标准手册（幼儿部分）》测查幼儿的身体形态（身高、体重）和身体素质（10米折返跑、立定跳远、网球掷远、双脚连续跳、坐位体前屈、走平衡木）。测查后，教师再利用《3—6岁儿童学习与发展指南》中的典型表现进行观察，综合评定幼儿身体素质的发展水平。

例如，教师利用《国民体质测定标准手册（幼儿部分）》对全班幼儿进行测查，发现以下9个幼儿网球掷远距离近，评定分值处于2分与3分之间。利用《3—6岁儿童学习与发展指南》动作发展目标2的典型表现，“3—4岁双手抓杠悬空吊起10秒左右”“4—5岁双手抓杠悬空吊起15秒左右”“5—6岁双手抓杠悬空吊起20秒左右”，观察、分析这些幼

儿上肢力量的发展水平。幼儿小卓6周岁2个月，悬垂时间只有15秒，只达到4—5岁幼儿的发展水平；幼儿小黄6周岁1个月，悬垂时间只有15秒，偏低于4—5岁幼儿的发展水平；幼儿小龚6周岁1个月，悬垂时间只有11秒，基本上只达到3—4岁幼儿的发展水平；幼儿小林5周岁6个月，悬垂时间只有11秒，基本上只达到3—4岁幼儿的发展水平；幼儿小陈6周岁，悬垂时间只有14秒，只达到4—5岁幼儿的发展水平；幼儿小邵5周岁11个月，悬垂时间只有13秒，明显低于4—5岁幼儿的发展水平；幼儿小李5周岁11个月，悬垂时间只有14秒，只达到4—5岁幼儿的发展水平；幼儿小江5周岁6个月，悬垂时间只有10秒，基本上只达到3—4岁幼儿的发展水平；幼儿小刘5周岁11个月，悬垂时间只有9秒，基本上只达到3—4岁幼儿的发展水平。

网球掷远主要反映人体上肢和腰腹肌肉力量，悬垂的持续时间主要反映上肢肌群的静力性力量耐力。从以上两项评定中，初步可知这9个幼儿的上肢力量与耐力比较差。

二、选择有助于发展幼儿身体素质的运动内容

教师通过评定了解到幼儿身体素质的发展状况，可为幼儿设计体育活动套餐。针对幼儿的身体素质制定专门的体育活动内容。

例如，教师评定上述9个幼儿上肢力量发展欠缺，可从上肢运动的动作入手，利用幼儿园的环境与材料，设计丰富多样的体育活动。在器械的选择上有针对性地选择偏向上肢运动的器械或对幼儿操作器械提出教学要求，使材料高结构化，以达成既定的教育目标。

（一）选择偏向上肢运动的运动器械

有些运动器械针对性强，能有针对性地提升某些身体素质。因此，教师应针对教育目标选择偏向上肢运动的运动器械。表5-1中的运动器械，能有针对性地锻炼幼儿的上肢力量与耐力。

表5-1 偏向上肢的运动项目

运动器械	运动内容
儿童羽毛球	打羽毛球
乒乓球	打乒乓球、托球、颠球
小篮球	拍球、抛接球、滚球
门球	击打球
推车	用手推车、拉车
沙包	进行掷远与投准
轿子	幼儿进行抬轿子运动
攀登架	幼儿在攀爬架上爬或悬垂

（二）对幼儿操作器械提出的教学要求

1.针对运动器械的特点，提出教学要求

有些运动器械身体活动方式多样，既可以摆放在地上进行以下肢为主的运动，也可以拿在手上进行以上肢为主的运动。无论偏向哪一方面的运动，都应根据幼儿的发展需要提出教学要求，使材料结构化，以达成既定的教育目标。如表5-2所示，针对这些运动器械，教师提出教学要求，能锻炼幼儿的上肢力量。

表5-2 偏向上肢运动的教学要求

运动器械	教学要求	运动内容
纸箱	我们用纸箱玩运货的游戏。可以把自己变成货物，让你的同伴来运你。可以怎样运呢？自己去试试。	运货。幼儿将东西放到箱子里或自己变成货物，进行推、拉、抬等搬运活动。
轮胎	我们把轮胎变成雪橇，可以怎么玩呢？	轮胎上系一根绳子，一个幼儿或站或坐在轮胎上，另一个幼儿拉着绳子前行。
草席	我们把草席变成“手拉车”“小推车”，可以怎么玩呢？	一个幼儿或站或坐或蹲或躺在草席上，另一个幼儿或推或拉草席前行。
彩色面条棍	想一想面条棍拿在手上可以怎么玩？	将彩色面条棍拿在手中甩打地板，拿在手中对打，用它击打布包、球等。

续表

运动器械	教学要求	运动内容
扇子	想一想用扇子可以扇什么？试试能不能把扇子变成球拍，玩打球的游戏？	用扇子扇牛奶盒或毛线球等轻的物体；用扇子颠毛线球；把扇子当羽毛球拍，把毛线毽子当羽毛球玩打羽毛球。
各种各样的饮料瓶、油壶	要把饮料瓶、油壶运到超市中，动脑筋想一想可以怎样运？	幼儿用提、抬、滚、拉、推的办法搬运。

三、选取运动的渠道

幼儿锻炼的渠道多样，教师可根据运动内容，有目的地选择开展运动的渠道，实施锻炼。例如，锻炼幼儿上肢力量的运动不仅仅存在于专门性的体育活动中，在幼儿的生活、简单的劳动中也有大量的锻炼契机，因此，锻炼幼儿上肢力量的运动在日常生活中无处不在、时时刻刻都可进行。教师要树立整合的观念，多渠道锻炼幼儿的上肢力量。一般有以下几种。

（一）高结构的体育活动

高结构的体育活动是指教师有目的、有计划地开展的活动，能有针对性地发展幼儿的上肢力量，是锻炼幼儿上肢力量的主要途径。在组织专门性的体育活动中，针对幼儿的年龄特点，多选择以上肢参与运动的内容，设计富有情趣化的体育课、体育游戏，避免单调重复的练习。

（二）低结构的体育活动

低结构的体育活动是指教师提供材料，幼儿自主选择材料、自主运动。此活动重视幼儿运动的过程，常见的组织形式有区域性体育活动，它能满足幼儿探索、发现、创造的需求。教师可提供偏向上肢运动的材料，让幼儿自主探索、自主玩，或提出教学要求，让幼儿有目的地运用上肢参与运动。

（三）生活中的运动

在幼儿的日常生活中蕴含着许多发展幼儿上肢力量的活动，教师要及时把握。运动前，让上肢力量比较薄弱的幼儿布置运动场地，运动后收拾、整理运动器械。幼儿通过拿、搬、抬等方式取放器械，在收拾整理中发展上肢力量。

四、效果检测

幼儿根据教师设定的运动套餐锻炼一段时间后，教师开始对幼儿进行效果检测。例如，上述网球掷远和悬垂发展幼儿上肢力量的案例。9个幼儿经过4个多月的有意锻炼，教师对其进行效果检测。9个幼儿网球掷远与悬垂均有很大的提高（详见表5-3）。网球掷远这一项，3个幼儿由3分提高到5分，4个幼儿由3分提高到4分，2个幼儿由2分提高到3分。悬垂这一项，2个幼儿达到30秒，1个幼儿达到25秒，4个幼儿在20—23秒之间，1个幼儿达到19秒，1个幼儿达到18秒。3个幼儿超过正常值，6个幼儿达到正常值。

可见，教师有目的、有计划地针对幼儿发展设置体育活动套餐，并有针对性地实施与指导，能有效提高幼儿的身体素质。

表5-3　个别幼儿网球掷远和悬垂前、后测记录表

幼儿姓名	年龄	网球掷远（评价）前测	网球掷远（评价）后测	悬垂（秒）前测	悬垂（秒）后测
幼儿卓	6周6个月	3	5	15	32
幼儿黄	6周5个月	3	5	15	19
幼儿龚	6周5个月	3	4	11	23
幼儿林	5周10个月	3	4	11	21
幼儿陈	6周4个月	2	3	14	23
幼儿邵	6周3个月	3	4	13	25
幼儿李	6周3个月	3	5	14	30
幼儿江	5周10个月	3	4	10	20
幼儿刘	6周3个月	2	3	9	18

第二节　以幼儿基本动作的发展为线索开展体育活动

幼儿基本动作的发展状况在一定程度上反映了幼儿身体素质的发展水平。教师可有目的地将幼儿基本动作的发展与身体素质的提高有机结合起来。

一、动作与身体素质的关系

幼儿身体素质的发展水平通常是在身体的各种基本活动中表现出来的，幼儿基本活动能力是幼儿身体素质发展水平的外部表现。

《3—6岁儿童学习与发展指南》列举“具有一定的平衡能力、动作协调、灵敏”其中一个方面的典型表现。如表5-4所示。

表5-4　3—6岁儿童学习与发展典型表现

3—4岁	4—5岁	5—6岁
能沿着地面直线或在较窄的低矮物体上走一段距离。	能在较窄的低矮物体上平稳地走一段距离。	能在斜坡、荡桥和有一定间隔的物体上较平稳地行走。
能身体平稳地双脚连续向前跳。	能跨跳过一定距离，或助跑跨跳过一定高度的物体。	能连续跳绳。

通过这些典型表现，教师能观察到幼儿的平衡能力、协调能力和灵敏性的发展状况。

提高幼儿的身体素质是发展幼儿基本活动能力的基础，任何一种身体运动或动作，都需要有几种身体素质作为基础才能完成。

二、动作与幼儿年龄发展之间的关系

幼儿基本动作的发展与幼儿的年龄息息相关，正常发育的幼儿，随着年龄的增长，其动作的发展水平也在逐年提高。教师可根据各年龄段幼儿的动作发展水平制定相应的运动内容。各年龄段幼儿的走步能力如表5-5所示。

表5-5 不同年龄段幼儿的走步能力表现

小班	中班	大班
走步时，蹬地力量弱而不均，步幅小，速度不均匀，落地较重，两脚间距离宽，左右脚力量不均，身体左右摇摆，走不成直线。	步幅已经稳定，动作较平稳，已逐渐形成自己的走步节奏。在教育影响下，幼儿在排队走步时已能随节拍走，但是节奏感不强，调节节奏的能力较差。	走的动作已比较协调，轻松自然，平稳有力，已初步形成个人走步的姿态。排队走步已经能初步按信号节奏调节步幅、步频，并能初步控制走步的速度。

针对各年龄段幼儿的走步能力拟定活动内容，如表5-6所示。

表5-6 针对不同年龄段幼儿的走步能力拟定活动内容

小班	中班	大班
1.听信号向指定方向走。2.在指定范围内四散走。3.一个跟着一个走，走成一个大圆。4.跨过小障碍走。5.拉或推着小物体走。6.模仿动物走。7.短途"远足"。	1.听信号有节奏地走。听信号变换速度、方向走。2.高举手臂走。足尖走，蹲着走。3.在物与物之间或平衡板上走。4.倒退走、上下坡走。5.短途"远足"。	1.听信号变速或变换方向走。2.绕过障碍曲线走。3.一对一对整齐地走。4.前脚掌走(高人走)、蹲着走(矮人走)。5.迈开大步走，上下坡走、倒退走。6.由脚跟过渡到脚尖的"滚动"式走。7.拉或推重物走。8.较长距离的远足等。

三、围绕某一基本动作开展多种形式的体育活动，提高幼儿的身体素质

人的基本动作有走、跑、跳、爬、攀登、投掷、提、拉、推、拿等。有时教师为了更加有序地开展体育活动，可围绕一个基本动作创设环境，提供材料开展运动。

（一）思考基本动作可开展的内容

各年龄段幼儿基本动作的发展水平不同，围绕基本动作开展的内容也有所不同。以跳跃为例，小班可开展的内容：双脚原地向上跳，双脚连续向前跳，从离地15—25厘米的高处往下跳等。中班可开展的内容：原地纵跳触物（物体距幼儿高举的手指尖15—20厘米），双脚行进跳，双脚在直线两侧行进跳，从离地25—30厘米高处往下跳，夹沙包跳，单

脚直线连跳，助跑跳过不少于40厘米的平行线，双脚交替跳，单双脚交替跳等。大班可开展的内容：原地纵跳触物（物体距幼儿高举的手指尖20—25厘米），双脚行进跳，从离地30—35厘米高处往下跳，夹沙包跳，单脚斜线连跳，助跑跳过不少于50厘米的平行线，助跑屈腿跳过30—40厘米高度，向前、向后、向左、向右变换方向跳，转身跳，跳绳，跳皮筋，跳蹦床等。

即使是一个年龄段的跳跃内容，由于跳跃时的路线、方位、跳跃次数等不同，可开展跳跃的内容也丰富多样。例如，从跳跃的路线及方位不同，可分为原地纵跳、向前跳、侧向跳、原地绕转跳、变向跳、向后跳、向下跳及向上跳跃等；从跳跃次数的不同，可分为一次性跳跃、多次及连续性跳跃等；从跳跃的支撑面不同，可分为单脚跳跃、双脚跳跃、单双脚交换跳、跨跳及手臂支撑跳跃等；从跳跃有无器材或有无障碍，可分为无器械或无障碍跳跃、有器械或有障碍跳跃等；从人数的多少，可分为单人跳、双人跳及多人跳等。教师要综合考虑，开展多样化的运动。

（二）分析基本动作的锻炼价值

跳跃可发展幼儿下肢爆发力、协调能力、灵敏性、耐力、弹跳能力及下肢力量。而不同的跳跃方式，锻炼价值也有所侧重。原地纵跳主要是增强腿部肌肉力量，发展弹跳能力；纵跳触物主要是提高协调性、视觉运动能力、发展弹跳能力；双脚连续向前跳主要增加腿部肌肉力量，发展肌肉、心肺耐力和协调性；单脚连续向前跳主要是增加腿部肌肉力量，发展肌肉、心肺能力、平衡能力和协调性；立定跳远主要是提高弹跳能力、下肢爆发力和协调性；从高处向下跳主要是发展平衡能力；单双脚轮换跳、单双脚交替跳主要是发展灵敏性和协调性；双脚开合跳、转身跳、侧跳、助跑跨跳主要是提高动作的灵敏性，提高弹跳能力、下肢爆发力和协调性；跳绳主要是提高协调性、视觉运动能力，发展上肢肌肉力量和耐力；跳蹦床主要是提高弹跳能力、平衡能力和协调性。

因此，教师要分析各种基本动作的锻炼价值，针对幼儿身体素质发展状况选择教育内容。

（三）以器械为载体，开展活动

器械是幼儿运动的物质基础，教师可针对各种基本动作，有目的、多角度地选择运动器械开展运动。以大班跳跃为例：

1.利用平面器械开展跳跃活动

直径30厘米的瓦楞纸纸板，幼儿将纸板摆在地上。有多种摆放方法，可将纸板摆成笔直的一条，或弯弯曲曲地摆放，或摆成圆形等。幼儿在纸板上并脚连续向前跳，也可单脚跳、侧跳等。还可以按顺序跳、间隔跳等。

幼儿用水彩笔在纸板上画箭号，将纸板任意摆放在地上。幼儿沿着箭号进行转身跳、侧身跳，可以是单脚跳、双脚跳、跨跳等。

2.利用具有一定高度与宽度的立体器械开展跳跃运动

第一，利用幼儿坐的椅子开展跳跃运动，幼儿将椅背平放在地上，两张椅背相对，幼儿行进跳过椅背。当幼儿能比较轻松自如地跳过后，可把四张椅子平放，增加难度。第二，将椅背竖立在地上，两张椅背相对摆放。幼儿双脚并拢跳，跳过椅背，当幼儿能比较自如轻松跳过后，可将椅子摆放的距离变短，让幼儿有节奏地跳过椅背。第三，将椅背朝上，助跑跨跳，跳过椅背，或双脚并拢跳，跳过椅背。第四，两张椅子背靠背，双脚站在椅背的两边，双脚并拢跳跳，跳过椅子。第五，将两张椅子倒着放，椅子脚朝上，椅背相对。幼儿手撑椅子脚上的档，撑跳过椅背。第六，幼儿站在椅面上，双脚并拢跳，跳过椅背，再屈膝缓冲落地。

3.利用腿或脚夹物开展的跳跃活动

幼儿用脚、小腿、膝关节、大腿等部位夹物，纵跳或行进跳，由于部位的不同，运动器械有的圆有的扁，有的大有的小，幼儿需变换控制腿与脚的肌肉进行跳跃运动。跳跃方式的变换与所夹物体的变换，为幼儿创造更具挑战性的跳跃体验。

虽然是围绕一种基本动作开展体育活动，但材料的丰富使得幼儿也能进行多种多样的身体活动，从而提高身体素质。

第三节 在与器械的有效互动中提高身体素质

器械是幼儿参加体育活动的载体。器械的功能应与幼儿的运动能力相适应，能有效提高幼儿的身体素质。因此，教师在提供器械时要关注以下两方面。

一、根据幼儿动作形成的不同阶段创设环境

幼儿动作的形成一般要经过粗略掌握动作、改善与提高动作和巩固与运用自如三个阶段。教师针对幼儿动作形成的不同阶段，通过增减材料使运动环境符合幼儿动作形成的最近发展区。

例如，一个女孩和一个男孩都走一端架在轮胎上的竹梯，女孩表现出肌肉紧张，动作不协调、不准确，走的时候费力又费心，表现出力不从心，主要依靠视觉表象来控制和调节动作。可见，女孩处于粗略掌握动作阶段。男孩走竹梯的动作协调、准确、熟练，一步一个阶梯，不费力。可见，男孩属于改善与提高动作阶段。针对两个幼儿动作发展所处阶段不同，教师在组织教学时，可以通过器械的增减来调整运动难度。

对于女孩要减少材料，把梯子直接放在草地上，去掉斜坡，降低走竹梯的难度。对于男孩要增加材料，提供牛奶罐、轮胎，让男孩抱着牛奶罐在竹梯上走，在竹梯上滚轮胎，增加走竹梯的难度。

二、场地的运用、材料的提供追随幼儿运动能力的发展

材料的提供、场地的变化要根据幼儿运动能力逐步变换，以此促进幼儿运动能力的提高。在走高跷运动中，教师可提供多样的高跷。提供的高跷，有的高，有的矮；有的接触面大，有的接触面小；有的有提手的带子或绳子，有的是高跷上有钉松紧带；有的是竹高跷，有的是木头

高跷。高跷的高度、材质、接触面不同，幼儿能根据自己的运动水平选择适宜的高跷进行活动。运动能力强的幼儿会选择接触面小、比较高、有提手的高跷进行运动。而运动能力差的幼儿则会选择接触面大、比较矮、没有提手的高跷进行运动。

第一，运动环境应符合幼儿发展水平。高跷练习初期，幼儿可在平坦、宽敞的场地行走。一段时间后，幼儿能自如行走，有的还会跑、倒着走。这一阶段，可创设搬运椅子的运动环境，让幼儿边踩高跷边搬运椅子。

第二，教师更换运动场地。例如，幼儿在有阶梯的运动场地中走高跷，踩着高跷上下阶梯，增加走高跷的难度。当幼儿能比较自如地踩着高跷上下阶梯后，教师再组织幼儿在有阶梯的环境中踩高跷搬运物体。还可在各种有障碍的场景中走高跷。例如，跨过一定高度的障碍，在窄木板上行走，走过轮胎等。

第三，将踩高跷活动与其他动作相结合。幼儿踩着高跷进行爬、跳、蹲等身体活动，如踩高跷拍球等。

第四节 在多样化活动中提高身体素质

一个教育活动可实现多领域的教育目标，而一个教育目标也可通过多领域的活动来实现。教师要树立课程整合观，将幼儿身体素质的发展通过多领域、多种活动来实现。

一、在生活中开展运动

《3—6岁儿童学习与发展指南》教育建议中提出，“日常生活中鼓励幼儿多走路、少坐车；自己上下楼梯，自己背包”，提醒教师要将体育活动渗透到幼儿的日常生活中，将生活与运动有机融合，让幼儿在生活中开展体育运动。

生活是幼儿运动的真实的大自然运动场，幼儿在运动场中无时无刻不在运动，只要运动场所安全，生活中处处都可以成为幼儿的运动场所。外出活动多以步代车；上下楼多走楼梯，少乘电梯；逛商场时多走楼梯，少乘扶梯等。这样的运动便捷，细水长流。在长时间的积累中，幼儿走的动作更加灵活、协调，增强了机体的耐力。例如，生活中鼓励幼儿自己穿脱衣服，在穿脱衣服中进行拉、提、钻等运动；鼓励幼儿自己端饭，幼儿在端饭中进行端、走、放、坐等运动；寻找时机让幼儿搬运力所能及的物品，游戏活动之前让幼儿自己搬运、整理游戏材料；外出游玩时让幼儿背自己的用品等。这样的活动在幼儿生活中随时随地都可进行。成人应鼓励幼儿独立完成力所能及的事，将幼儿的运动内容与日常生活紧密结合。

在幼儿的生活中，还有许多富有儿童文化气息的非体育锻炼行为，如骑童车、玩滑板、玩滑轮，这些儿童玩具深受幼儿欢迎，幼儿玩这些儿童玩具能锻炼平衡能力、协调能力、灵敏性等。再如，幼儿在山坡、草地上奔跑、打滚，这是儿童特有的、富有童真、童趣的非体育锻炼运动，这样的运动不仅能让幼儿走进自然、亲近自然，还能让幼儿的肢体得到释放，身体的灵敏性、协调性、力量、耐力得到发展。这些非体育锻炼是儿童本真的身体活动，它能激发幼儿积极的运动情感。成人在幼儿日常生活中要关注儿童本真的非体育锻炼行为，以幼儿已有的生活为着眼点，关注幼儿生活世界和精神世界，从幼儿文化、幼儿生活的视角出发，将这些非体育锻炼行为纳入幼儿运动，构建幼儿生活化的运动内容。

二、通过韵律活动开展运动

幼儿园的韵律活动通常有律动、歌唱表演、舞蹈、韵律操等。律动，是伴随音乐而做的基本动作和模仿动作，如头、肩、臂、手指、腰、胯等所做的动作，以及走、跑、跳跃等简易步法。歌唱表演，是在歌曲演唱中配以简单形象的动作、姿态、表情等来表达歌词内容，再现音乐形象，边唱边进行的表演。儿童舞蹈是由基本舞步、简单的上下肢舞蹈动作组成的。基本舞步包括小碎步、小跑步、垫步、踏跳步、华尔兹步、十字步、娃娃步等。上肢动作包括摆动、划圈、手腕转动、压、拧、提等。

从幼儿园韵律活动的内容可以看出，幼儿园的韵律活动是幼儿随音乐进行的各种有节奏的身体动作，是体育与艺术的结合，这样的活动能锻炼幼儿身体的协调性、灵敏性与平衡能力。

韵律活动还是中低强度的有氧运动，能锻炼幼儿的心肺功能，全面刺激肌肉。例如，舞蹈对肌肉的刺激是全面性、综合性的，它的动作兼顾头、颈、胸、腿、髋等部位，可以增强身体的协调性，培养良好的节奏感。韵律活动还可以矫正不良的身体姿势，让幼儿肢体更加挺拔与优美。

因此，教师可通过韵律活动开展体育运动。幼儿每天做早操，下午跳十几分钟的韵律操，通过专门的音乐活动，如舞蹈、歌唱表演、律动等开展韵律活动，以此来丰富幼儿体育活动的内容，提高幼儿的身体素质。

三、在户外游戏中渗透运动目标

幼儿的户外游戏并不仅仅局限于体育运动，广义上说，幼儿在户外自由、自发、自主的活动都可视为户外游戏，如幼儿在树木、沙池、草地等户外场地玩耍。不同种类的户外游戏具有不同的锻炼价值。

幼儿在沙池中用铲子或蹲或弯着腰挖沙，或用筛子筛沙，或在沙上建构。幼儿在使用工具玩沙中发展上下肢力量和身体的协调性。

涂鸦活动中，幼儿看似在安静地涂鸦，其实幼儿有时站，有时蹲。有的墙体比较高，幼儿还需站在椅子上涂鸦。涂鸦中幼儿不知不觉地进行站、蹲、弯、坐等大肌肉的运动，发展平衡能力、协调能力、灵敏性及下肢力量。

户外建构游戏中，幼儿需将大型积木、砖块等建构材料搬到室外进行平铺、垒高、架桥等。幼儿在建构中伴随着大量的走、跑、蹲、拿、搬运等大肌肉活动。

树林中的探索岛，有天然的泥地，树上吊下绳做秋千，树与树之间拉绳网，地上挖沟壑，幼儿在自然的环境中，自发、自主地游戏，他们时而爬树，时而荡秋千，时而跳沟壑……

幼儿在户外宽阔的空间中，沐浴着阳光，呼吸户外流动的清新空气，进行着各种富有儿童文化气息的嬉戏、玩耍，身心愉悦地进行“非体育”锻炼运动。这样的游戏能让幼儿在身心愉悦地参与锻炼的同时，提高身体素质。

参考文献

[1]陈艳杰,王欢,梁爱民.幼儿体质评价与协调障碍评价指标之间的关系研究[J].中国儿童保健杂志,2021,29(05):542-544,549.

[2]陈耀卉.基于幼儿健康教育的运动实践[J].家教世界,2022(36):39-40.

[3]范一珺.幼儿园户外体育活动运动器械的灵活应用分析[J].才智,2019(31):159.

[4]韩立明.幼儿体育发展的社会性问题与解决路径[J].邢台学院学报,2023,38(04):187-192.

[5]韩铁光,杨国安,庄润森.运动健康素养[M].广州:广东教育出版社, 2023.

[6]胡冰清.基于运动核心经验的幼儿园体育活动实施现状研究[D].江苏大学,2022.

[7]虎攀.儿童视角下幼儿体育活动评价:反思与构建[J].体育科技,2024,45(02):55-56,59.

[8]康丽.绿色运动中基于幼儿健康发展的多元评价实践[J].家长,2022(06):78-80.

[9]雷风,姬昆恒.幼儿体育活动开展的优化研究[J].田径,2022(03):73-75.

[10]李绪琼,王一强.南宁市3—6岁幼儿体质综合评价与分析[J].运动精品,2018,37(11):76-78.

[11]刘娟.幼儿园“乐动”体育课程的构建与实施[J].学前教育研究,2023(11):87-90.

[12]刘明.城市幼儿体育教学活动的发展与对策探究[J].大学,2020(44):112-114.

[13]陆艳，徐飞.动作发展视域下幼儿体育教学内容的研究[J].当代体育科技，2021，11(35)：64-66.

[14]阮振东.体育游戏在幼儿素质教育发展中的作用及对策研究[J].运动精品，2023，42(01)：1-3，6.

[15]檀木.幼儿运动与健康教学实践手册[M].石家庄：河北科学技术出版社，2019.

[16]陶春雷.基于健康体适能幼儿体育活动的评价体系研究[J].才智，2018(35)：1.

[17]王琳.幼儿园开放式体育活动存在的问题及改进策略[J].学前教育研究，2019(09)：89-92.

[18]王鹏，师伟严，丁鸿祥.探究幼儿基本体操在幼儿体育活动中的运用[J].文体用品与科技，2021(24)：172-173.

[19]王雪芹，陈士强著.多元智能理论视角下的幼儿体育活动研究[M].南昌：江西人民出版社，2022.

[20]王媛媛.幼儿园亲子体育活动现状分析与发展建议[J].文体用品与科技，2021(15)：64-65.

[21]吴海云.享受运动 健康成长 幼儿园体育活动探索[M].福州：福建教育出版社；海峡出版发行集团，2015.

[22]杨延秋，马威，段美玲，蒋萌菲，张婕.学前儿童体育教程[M].上海：复旦大学出版社，2020.

[23]杨永峰.体育运动与身体健康的本质关系和调节方法探讨[J].成才之路，2020(06)：90-91.

[24]叶琼，向胡林，李桂玲.学前儿童体育[M].长春：吉林人民出版社，2020.

[25]叶向红.幼儿园阳光体育活动设计[M].北京：北京理工大学出版社，2022.

[26]郑颖.注重体育运动教学促进幼儿健康成长[J].山西教育(教学)，2021(05)：77-78.

[27]周梅娟.幼儿体育游戏教学的价值、问题及优化策略[J].亚太教育，2023(24)：85-87.